# KULTURWISSENSCHAFTLICHE ZEITSCHRIFT

Herausgegeben von der
Kulturwissenschaftlichen Gesellschaft

Heft 3/2022

FELIX MEINER VERLAG
HAMBURG

Bibliographische Information der Deutschen Nationalbibliothek

Die Deutsche Nationalbibliothek verzeichnet diese Publikation in der Deutschen Nationalbibliographie; detaillierte bibliographische Daten sind im Internet über ‹https://portal.dnb.de› abrufbar.

ISBN 978-3-7873-4580-9 · ISBN eBook 978-3-7873-4581-6
ISSN (Print) 2751-3106  ·  ISSN (eJournal) 2451-1765

© Felix Meiner Verlag Hamburg 2023
Druck: Books on Demand, Norderstedt
Printed in Germany

# Inhalt

*Stefan Herbrechter*

# Verbesserung... oder Posthumanismus ›jenseits‹ von Gewalt?

ABSTRACT: This article questions the logic of human self-transcendence and enhancement that underlies all forms of humanism, including transhumanism, as well as the role technology is supposed to play in »improving« human nature and overcoming aggression, violence and self-destruction. It argues, instead, that a *critical* posthumanist stance has to undertake the deconstruction of the very notion of perfectibility as well as the purely instrumental understanding of technology that usually underlie discussions of human enhancement or »improvement«. Humanism with its inevitable anthropocentrism is unable to address the problem of violence (against humans) as long as it represses the issue of violence against nonhumans animals. The true challenge for a posthumanist politics (and ethics) that seeks to move closer towards the horizon of nonviolence and inter- and intraspecies justice, is to effectuate a fundamental change in attitude towards »our« animality.

KEYWORDS: critical posthumanism, violence, animality, enhancement, perfectibility

### 1. Was ist denn eigentlich so schlimm am Humanismus? Oder: Wir müssen besser werden...

In einer nicht besonders subtilen Szene aus dem Science-Fiction-Klassiker *Terminator 2: Judgment Day* (1991) beobachtet der junge John Connor, zukünftiger Anführer des menschlichen Widerstands im finalen Krieg gegen die intelligenten Maschinen, wie sich seine Altersgenossen mit Spielzeugwaffen gegenseitig ›erschießen‹. Desillusioniert bemerkt er gegenüber seinem paternalistischen Cyborg-Beschützer, Arnold Schwarzenegger: »We're not gonna make it, are we? People I mean«, womit er den Topos der gewaltbereiten Menschheit aufruft, die dazu verdammt ist, sich letztendlich selbst zugrunde zu richten und auszurotten. Die Kampfmaschine antwortet lapidar und nicht ohne eine gewisse Ironie: »It's in your nature to destroy yourselves.«

Hier haben wir gewissermaßen eine Zusammenfassung all dessen, was mit ›uns‹ nicht stimmt. Ein Wesen, das nach allen Maßstäben der Kunst und Wissenschaft einzigartig ist, zu den großartigsten Dingen fähig, genauso wie zu den niederträchtigsten, Herrscher über die Natur sowie ihr brutalster Zerstörer, gottgleich und zugleich verteufelt, erfolgreich und doch so verletzlich. Ein Tier und doch keins – ein Tier, das keines mehr sein will und nun alles Tierische verabscheut. Ein Tier, das seine eigene tierische Restnatur austreiben will, bevor es zu spät ist. Ein »Untier« also, wie Ulrich Horstmann (1983) es nannte, das all das, was ihm am Menschen nicht gefällt, auf seine verworfene Tiernatur zurückführt und dieser durch Verdrängung entkommen will. Horstmann nannte dies »anthropofugale Weltwahrnehmung« (10).

Was also tun mit all dieser Aggression durch den Menschen, dieser Zerstörungswut, diesem Sadismus, dem ganzen Leid und dieser Unmenschlichkeit überall? Woher noch Hoffnung schöpfen? Sarah Connor, die Mutter des zukünftigen Erlösers aus dem *Terminator*-Film, bringt es auf den bizarren, ›transhumanistischen‹ Punkt: »if a machine can learn the value of human life, maybe we can too«. Maschinen als moralische Navis also, die den Menschen zeigen, wo es lang gehen soll?

## 2. Kritischer Posthumanismus zwischen Post- und Trans-, oder: Besser nicht…

Diesen primitiven, aber viszeralen Denkablauf, den der Terminator ausspielt, diesen Kulturmechanismus oder diese Kulturtechnik, wie man es nennen könnte, mit all ihren Grundannahmen und Werten auseinanderzunehmen und anders wieder zusammenzusetzen, also zu dekonstruieren, ist das, was einen *kritischen Posthumanismus* ausmacht. Die Logik der Selbstüberwindung durch eine wie auch immer definierte Perfektionierung oder Verbesserung des Menschen und seiner angeblichen ›Natur‹, sowie die Rolle der Technik, die diese hierbei spielen soll, das sind die beiden Aspekte, die es vom kritischen Posthumanismus aus betrachtet zu problematisieren gilt, denn beide – menschliche Verbesserung und technische Instrumentalisierung – sind seit jeher Quellen unsäglicher Gewalt, gegen ›uns‹ selbst und gegen nicht-menschliche ›Andere‹.

Spätestens seit den beiden Weltkriegen, dem Holocaust und der Bedrohung der Menschheit durch atomare Selbstvernichtung hat jeglicher Humanismus oder ›Neuhumanismus‹ einen schweren Stand und ein grundlegendes Legitimationsproblem. Da wirken selbst Errungenschaften wie Menschenrechte nur noch wie Rückzugsgefechte, angesichts der andauernden Gewalt von Menschen gegen Menschen, ständig wachsender ökonomisch-sozialer und ökologischer Ungleichheit und Ungerechtigkeit. All dies macht es sehr schwer, noch von *Menschheit* und *Menschlichkeit* im universalistisch-humanistischen Sinne zu sprechen. Stattdessen akzentuieren die gegenwärtige planetare ökologische Krise und die beschleunigte technologische Entwicklung die prekäre Lage des Menschen, ›seiner‹ Umwelt sowie die enormen sozialen, ökonomischen und in immer größerem Maße auch ökologischen Unterschiede zwischen Menschen weiter – man schaue auf die geographische Verteilung der sogenannten ›Verlierer‹ des Klimawandels im Zeitalter des sogenannten ›Anthropozäns‹. Ein Humanismus als Diskurs, der auf einem Begriff universaler und exklusiver menschlicher *Natur* aufbaut und sich hierdurch sowohl vom (nichtmenschlichen) Tier als auch von der (nichtorganischen) Maschine unterscheiden will, ist in vieler Hinsicht untragbar geworden. Die diversen posthumanistischen Reaktionen greifen folgerichtig die konzeptuellen Probleme und Selbstwidersprüche im Humanismus auf, radikalisieren sie und ebnen sie immer weiter ein.

Insbesondere kritische Posthumanisten sehen sich als Erben des vom Humanismus mitverschuldeten Chaos und der daraus resultierenden Ungerechtigkeit und existenziellen Bedrohung für menschliches und nichtmenschliches Leben. Der pragmatische Wert der Vorsilbe *post-* signalisiert hierbei keine Überwindung (des Humanismus oder gar des Menschen), sondern vielmehr den Prozess einer Durcharbeitung. Es ist ein allmählicher, parasitärer Prozess, der Risse und Widersprüche im Humanismus aufspürt, in der Hoffnung, diese zu forcieren, um schließlich einem völlig anderen Menschenverständnis zur Geburt zu verhelfen.

Transhumanisten hingegen setzen scheinbar einzig und allein auf »Technikaffirmation«, die wie Stefan Sorgner erklärt, »alternativlos« sei:

> Entscheidend ist: Wir befinden uns auf dem Weg zum Übermenschen. Entweder wir entwickeln uns weiter oder wir sterben aus. Wir benötigen die neuesten Techniken, um uns an die sich ständig wandelnden Umweltbedingungen anzupassen und unsere Lebensqualität zu steigern [...]. Nur durch einen angemessenen Technikeinsatz können wir langfristig inklusive Nachhaltigkeit realisieren. (Sorgner 2019: 105)

Die anthropozentrische Moderne wird somit in ihrer Alternativ- und Ausweglosigkeit nicht nur bestätigt, sondern radikalisiert. Der Transhumanismus ist deshalb eigentlich mit einer postanthropozentrischen Ethik unvereinbar, die ein neues Gleichgewicht aus Mensch, Technik und Natur sucht und der es um den intrinsischen Wert *allen* (gegenwärtigen und zukünftigen) Lebens geht.

Rosi Braidotti formuliert die entsprechende gegenwärtige Herausforderung unserer »conditio posthumana« sehr drastisch und klar:

> The posthuman condition implies that ›we‹ – the human and non-human inhabitants of this particular planet – are currently positioned between the Fourth Industrial Revolution and the Sixth Extinction [...]. Striking a balance between these conflicting forces, so as to keep the broader picture in mind, is the current posthuman[ist] challenge. (Braidotti 2019: 2)

Zwischen diesen beiden Diskursen – Post- und Transhumanismus – stehen jedoch nicht nur »kritische Posthumanisten«, die versuchen, einen Kurs zwischen Posthumansierung und Dehumanisierung zu finden, sondern auch jede Menge kompromissloser Misanthropen, Apokalyptiker und Kollapsologen, die ihrem Nihilismus freien Lauf lassen. Kein Wunder, denn wohin man auch schaut, das Gespenst, die Angst

und die Faszination der Auslöschung – des Menschen, des Lebens, des Planeten – ist
allgegenwärtig. Auch Ulrich Horstmanns Untier (1983) als »Ankündigung der unmittelbar bevorstehenden Selbstabschaffung des ›Untiers‹ Mensch« (Müller 2016: 143)
gehörte hier schon dazu. Mit diesem Gespenst – einer Welt ohne Menschen – sowohl
im Rücken als auch vor Augen, und ohne die Versuchung und den manchmal strate-
gischen Nutzen eines Nihilismus abstreiten zu wollen, würde ich behaupten: Nihilismus in letzter Konsequenz, besser nicht. Schauen wir lieber die Eingeweide der an-
thropologischen »Maschine«, wie Giorgio Agamben (2003) sie genannt hat, etwas
genauer an. Dann stellen wir fest…

### 3. Irgendetwas stimmt nicht mit der Perfektibilität, oder: Gute Besserung!

In Miriam Meckels Erzählung *Next: Erinnerungen an eine Zukunft ohne uns* (2011),
welche rückblickend auf die vollständige Digitalisierung des Menschen aus der doppelten Sicht des Algorithmus und der des »letzten Menschen« berichtet, heißt es:

> Praktisch jeder wollte sich perfektionieren. Vervollkommnung war das Mantra dieser
> Zeit. Und solange sie das Gefühl hatten, den Prozess selbst steuern zu können, stiegen sie
> verrückt darauf ein. (Meckel 2011: 50)

Damit sind wohl ›wir‹ oder unsere Zeit gemeint. Wenn, wie Sorgner es provokativ
behauptet, Transhumanismus »die gefährlichste Idee der Welt« ist (Sorgner 2016),
dann doch wohl, weil er den »explosiven« Nietzsche und seine Idee von der bevorstehenden Ankunft des Übermenschen recht wörtlich zu nehmen scheint (vgl. Sorgner
2019: 7). Angesichts der gegenwärtigen globalen Bedrohung durch den Klimawandel
und die Rückkehr der kriegerischen Aggression nach Europa wäre man fast geneigt,
Sorgner beizupflichten, wenn er sagt:

> Entweder entwickeln wir uns beständig weiter, um stets an unsere Umwelt angepasst zu
> sein, oder uns wird es schon bald nicht mehr geben. (Sorgner 2019: 7)

Was nun, als Antwort hierauf, den Kern eines spezifisch *trans*humanistischen Denkansatzes ausmacht, »liegt ausschließlich darin, den Gebrauch der neusten Technologien zu bejahen, um die Wahrscheinlichkeit eines guten Lebens zu fördern«, so Sorgner
weiter (10). Transhumanisten stehen den technologisch induzierten radikalen Um-
brüchen der Gegenwart und Zukunft »affirmativ« gegenüber und vertrauen auf ihr
biologisches und soziales Transformationspotenzial (Ranisch & Sorgner 2014: 7–8) und
darauf, dass »wir in nicht allzu ferner Zukunft zahlreiche bisherige Grenzen unseres

Menschseins überwinden können« (Sorgner 2019: 11). In diesem Sinne, ist der Transhumanismus folgerichtig die zeitgenössische »Erneuerung des Humanismus«:

> It embraces and amplifies central aspects of secular and Enlightenment humanist thought, such as belief in reason, individualism, science, progress, as well as self-perfection or cultivation. (Ranisch & Sorgner 2014: 8)

Was kann denn da so gefährlich sein an der guten alten humanistischen Selbstverbesserungsidee? Ist der Mensch als solcher nicht durch seinen Selbstoptimierungswillen oder das rousseauistische Prinzip der Perfektibilität definiert?

Wir wissen, dass Peter Sloterdijk den Humanismus nur noch als überkommene »Anthropotechnik« (vgl. Liggieri 2020: 309) der Selbstzähmung ansieht: »Und was zähmt noch den Menschen, wenn der Humanismus als Schule der Menschenzähmung scheitert?«, fragt Sloterdijk in seiner berühmt-berüchtigten Elmauer Rede, veröffentlicht als ein »Antwortschreiben zu Heideggers Brief über den Humanismus«:

> Was zähmt den Menschen, wenn seine bisherigen Anstrengungen der Selbstzähmung in der Hauptsache doch nur zu seiner Machtergreifung über alles Seiende geführt haben? Was zähmt den Menschen, wenn nach allen bisherigen Experimenten mit der Erziehung des Menschengeschlechts unklar geblieben ist, wer oder was die Erzieher wozu erzieht? (Sloterdijk 1999: 31–32)

Eine Frage müsste man aus kritisch posthumanistischer Sicht an Sloterdijks Versuch, »Regeln für den Menschenpark« zu finden in diesem Zusammenhang jedoch stellen – und diese Frage betrifft auch den fundamentalen Unterschied zwischen Post- und Transhumanismus – wer ist denn dieser Mensch, wenn man von ›dem‹ Menschen spricht? Oder: wer ist dieses ›Selbst‹, das seine ›Selbstoptimierung‹ quasi gezwungenermaßen immer voraussetzt?

Diese Frage nach einem menschlichen Selbst-Bewusstsein ist sozusagen die Vorfrage, die Voraussetzung für die Perfektibilität, Verbesserung, Optimierung oder das *Enhancement* des Menschen ›an sich‹, und – das ist der Clou – sie ist unablösbar verbunden mit der Frage nach dem Ursprung von Gewalt und nach der Gerechtigkeit, die oben angesprochen wurde. Es geht hier nicht darum, diese Frage selbst in Frage zu stellen, denn im Grunde wollen wir doch alle nur, dass der Mensch besser wird, gerechter, weniger gewalttätig, umsichtiger, ökologisch verträglicher, nachhaltiger, intelligenter, empathischer, zufriedener mit sich selbst und anderen. Auch dies ist eigentlich eine »moralisch-ethische« Verbesserung, ein *moral enhancement*, das in Zeiten klimatischer Existenzbedrohung und wiederkehrender bzw. anhaltender kriegerischer Auseinandersetzungen immer dringlicher erscheint.

Aber die größte menschliche Verbesserung wäre es doch, ihn etwas weniger aggressiv zu machen und damit auch den Terminator Lügen zu strafen, nämlich dass es nicht unbedingt in unserer sogenannten ›Natur‹ liegt, uns gegenseitig umzubringen und, wie man anfügen könnte und sollte, dabei den Schaden an nichtmenschlichen Anderen, Umwelten und Objekten einfach billigend in Kauf zu nehmen. Es geht hier also nicht darum, wie z.B. bei Michael J. Sandel in seinem *Plädoyer gegen Perfektion* (2015), für oder gegen eine genauer zu definierende Verbesserung des Menschen einzutreten, die nun durch sogenannte neue technologische ›Mittel‹ angeblich zur Verfügung stehen, ob gentechnisch oder pharmakologisch. Es geht im Grunde auch nicht darum, ob ein ›posthumanistischer‹ oder gar ein ›posthumaner‹ Krieg besser wäre als der doch ziemlich konventionelle Angriffskrieg Russlands und die westliche Unterstützung zur legitimen Selbstverteidigung der Ukraine, die er logischerweise nach sich gezogen hat. Dass ein sogenannter *posthuman war,* nur weil er mit Drohnen, Robotern, Cyborgs und KIs geführt werden könnte, weniger grausam wäre für menschliche und nicht-menschliche Tiere sowie ihre Habitate, ist eher unwahrscheinlich, auch wenn diese Thematik dem Posthumanismus bereits seit den 1980ern anhaftet, was bei der engen Verbindung zwischen Technisierung und Militarisierung insbesondere unter techno-kapitalistischen Bedingungen keine Überraschung ist (vgl. den Kontext von Haraways *Manifest für Cyborgs*). Man könnte hier die komplementäre Lektüre von Texten wie Tim Blackmores *War X* (2005) oder Christopher Cokers *The Future of War* (2004) einerseits und die einer wachsenden Anzahl von Interventionen andererseits emp-fehlen, die aus kritisch posthumanistischer Sicht zeigen, wie Menschenkriege immer auch Nichtmenschen in Mitleidenschaft ziehen oder wie es nichtmenschlichen Tieren im Krieg so ergeht (z.B. Cudworth & Hobden 2015).

Es geht hier aus gegebenem Anlass also eher darum, Krieg und Gewalt zu erklären – *trotz* Humanismus und *trotz* Perfektibilität und Selbstoptimierung, und hier gibt es scheinbar zwei grundlegend verschiedene Ansätze: einen, der dieses menschliche ›Selbst‹ einfach weiter optimieren will und dabei mehr oder weniger aufklärerisch vorgeht, größtenteils darwinistisch argumentiert und hierfür Technik instrumentali-siert oder sogar autonomisiert. Unter diesen Ansatz fällt auch der Transhumanismus, der eben alles auf die Technokarte setzt und auf eine evolutionäre Ablösung des Menschen aktiv hinarbeitet, mit der Begründung, dass menschliche Intelligenz und moralische Natur für den unausweichlichen technologischen Fortschritt einfach nicht gut genug vorbereitet, ›antiquiert‹ oder einfach nicht nachrüstbar sind.

Der andere Ansatz, der ›kritisch posthumanistische‹, setzt auf eine Verbesserung nicht nur des Menschen, sondern der gesamten planetarischen Situation, und zwar durch eine weitere Aufweichung des menschlichen Selbstverständnisses – also auf seine weitere ›Dezentrierung‹, oder, wie man das auch ausdrücken könnte, auf eine Dekonstruktion von Anthropozentrik. Die Motivation ist eine ethische, ihre Imple-mentierung jedoch eine radikal politische, und insofern kann man einen kritischen

Posthumanismus durchaus als ›gefährlicher‹ oder radikaler empfinden als jegliche Form des Transhumanismus.

## 4. Posthumanistische Politik jenseits von Gut und Böse, oder: Jetzt machen wir die Verbesserung!

Schaut man sich nach Ansätzen posthumanistischer Politik um, trifft man selbstverständlich auf ganz verschiedene Formen. Braidottis neomaterialistischen Feminismus im Gefolge Haraways und einiger anderer wurde bereits erwähnt. Bruno Latours ökologische Wende in seinen jüngeren Texten hin zum »Terrianismus« (*Face à Gaia* (2015), *Où atterrir?* (2017) und *Où suis-je?* (2021)) zeugt ebenfalls von der Strategie, den Menschen wieder stärker an die ›Natur‹ anbinden zu wollen. Wie Delphine Batho in ihrem *Écologie intégrale: Le Manifeste* (2019) sagt: »Il s'agit de faire de notre appartenance à la Nature le nouveau moteur de l'histoire« (13).

Andererseits führt die drohende Natur-Kultur-Katastrophe nicht an einer Auseinandersetzung mit der Technik und ihrer immer größer werdenden Autonomie vorbei. Schon früh im (andauernden) Zeitalter der atomaren Bedrohung schrieb Ernst Tugendhat in *Nachdenken über die Atomkriegsgefahr und warum man sie nicht sieht*:

> Ein Umdenken über die grundsätzlich neuen Formen der Politik, die heute erforderlich wären, findet nicht statt. So wird die Menschheit wahrscheinlich daran zugrunde gehen, daß sie sich offenbar von den politischen Druck- und Verhaltensformen nicht lösen kann, die zu einer technischen Umwelt paßten, welche der Vergangenheit angehört. (Tugendhat 1986: 84)

Dies dient heute als eines der wichtigsten Argumente, das von Transhumanisten für das *moral enhancement* angeführt wird: Technische und insbesondere pharmakologische Intervention ist nötig, um den pragmatischen Vorsprung der Technik gegenüber der moralischen Antiquiertheit des Menschen aufzuholen, oder wie es Jamie Suskind in *Future Politics: Living Together in a World Transformed by Tech* formuliert: »We are not yet ready – intellectually, philosophically or morally – for the world we are creating« (Suskind 2018: 1).

Es geht also um Zukunftspolitik – wörtlich genommen –, um die Politik der Zukunft, die Zukunft der Politik und Zukunft als Politik. Dies funktioniert natürlich nicht ohne Antizipation, oder genauer gesagt, ›Konstruktion‹ von Zukunft. Zentral wird hier die Machtverteilung, was diese politische Antizipationsmaschinerie angeht. Kein Wunder, dass Science-Fiction ein zentrales Genre unserer Zeit ist, nur dass es eben nicht mehr um Fiktion, sondern um Faktion geht – also um Science-*Faction* also (vgl. hierzu Herbrechter 2009: 95–120).

In der Zwischenzeit ist nun jedoch der Aggressionskrieg nach Europa zurückgekehrt – er war selbstverständlich nie ganz verschwunden, sondern allenfalls verdrängt – und weitet sich aus, trotz oder gerade wegen der sich intensivierenden globalen Vernetzung von Technologien, Ökonomien, sozialen Wirklichkeiten und Mikrobiologien, zu einem Krieg aller gegen alle: Militär, Zivilisten, Hacker, Staaten, Medien, Terroristen und zu einer Auseinandersetzung mit immer gefährlicheren ›unsichtbaren‹ Feinden wie Viren, Algorithmen und ›disruptiven‹ Technologien, die den sogenannten ›großen Umbruch‹ herbeiführen können oder werden, wie Klaus Schwab und Thierry Malleret das nennen (2020). *The Great Reset* ist interessanterweise der englische Titel des Buches, der auf eine Computeranalogie im Kontext ideologisch-ökonomischer Software rekurriert. Die Formel zielt auf die Vorstellung, dass für den Umbau oder Umbruch die globale digitalisierte Hardware oder die planetare Infrastruktur »zurückgesetzt« werden muss. Dies ist auch ein zentrales Ideologem dessen, was Frédéric Neyrat den zeitgenössischen transhumanistischen »Geokonstruktivismus« nennt. In *La Part inconstructible de la terre: Critique du géo-constructivisme* spricht Neyrat von einem grundlegenden Phantasma:

> le géo-constructivisme […] soutient que la Terre, et tout ce qu'elle contient – écosystèmes et organismes, humains et non-humains –, *peut* et *doit* être reconstruite, réformée et reformée. Entièrement. (Neyrat 2016: 11)

Es ist eine rein phantasmatische Zukunftspolitik, da es diesen zweiten, neuen Planeten natürlich nicht gibt, in dessen Namen jedoch von gegenwärtigen Machtstrukturen und Ungleichheiten abgelenkt werden sollen. Alles im Namen einer »biopolitique des catastrophes«, wie Neyrat das nennt (Neyrat 2008), und letztendlich immer auch motiviert durch und im Namen eines Humanismus.

Krieg und Gegenkrieg, Gewalt und Gegengewalt oder Widerstand werden letztendlich immer aus mehr oder weniger zynischen ›humanistischen‹ Gründen geführt, die zudem meistens noch von beiden Seiten in Anspruch genommen werden, wie gerade wieder in Putins Angriffskrieg gegen die Ukraine zu sehen ist. Es gibt keine Opposition zwischen Humanismus und Krieg, eher eine Art problematische Interdependenz zwischen Gewalt und Gerechtigkeit, wie schon bei Walter Benjamin (1992) zu lesen und von Derrida (1991) in ihrer aporetischen Verquickung durchgearbeitet. Der zeitgenössische kosmopolitische und humanistische »Krieg-Frieden«, wie das Ulrich Beck genannt hat, ist sozusagen das ultimative Beispiel:

> Die Hoffnung, nach dem Ende der bipolaren Ordnung entstünde ein kosmopolitisches Weltidyll und die Nationen würden sich unter dem Baldachin internationalen Rechts die Hand zum friedlichen Miteinander reichen, ist zerfallen. Nicht der Frieden des Rechts, sondern die offene, entgrenzte, molekulare Gewalt bildet zum Beginn des dritten

Jahrtausends die Signatur der entstehenden Zweiten Moderne [...]. Es hat sich eine
Falle der doppelten Erpressung aufgetan: Wenn du gegen humanitäre Interventionen
bist, dann bist du für ethnische Säuberungen, für Verbrechen gegen die Menschheit;
wenn du jedoch gegen ethnische Säuberungen und Verbrechen gegen die Menschheit
bist, dann mußt du den neuen ›Krieg-Frieden‹ des ›militärischen Humanismus‹ gut-
heißen. (Beck 2004: 232–233)

Wie soll man da noch irgendeine Linie hineinbringen bzw. sich nicht dem Schicksal der
militärischen, technologischen, mikrobiologischen oder ökologischen Katastrophe
oder einer Kombination aller hingeben und gar an eine neue, bessere Menschheit
glauben? Aber vielleicht geht es bei der Politik der Zukunft gar nicht um Zukunfts-
utopien, sondern eher um ein gewisses *Ver*lernen.

### 5. Humanismus ›verlernen‹ und die Frage nach Gerechtigkeit, oder: Besser ist noch lange nicht gut.

Es ist nicht nur die Digitalisierung oder die Biotechnologie oder ihre Kombination, die
den Humanismus und seine Bildungspolitik als »Zähmungstechnik«, wie Sloterdijk
das nennt, versagen lässt. Auch ein neuer »digitaler Humanismus«, wie ihn Julian
Nida-Rümelin und Nathalie Weidenfeld (2018) einfordern, der »sowohl technik- als
auch menschenfreundlich« wäre (15), greift hier zu kurz, wollte man es mit dem *moral
enhancement* oder der Menschenverbesserung ernst nehmen. Denn es geht immer noch
um die Frage nach der Gewalt und Gewaltbereitschaft der Spezies Mensch, welche den
Menschen aus evolutionärer, demographischer und ökonomischer Sicht so erfolgreich
gemacht haben. Erfolgreich ebenso wie vernichtend, schädlich und grausam aus ökologischer und sozialer Hinsicht – sowohl für Teile der Menschheit selbst als auch für
ihre nicht-menschlichen Begleiter, Konkurrenten und Gegenspieler.
　　Immer mehr scheinen einzuräumen, dass die Welt ohne den Menschen wahr-
scheinlich eine bessere wäre, oder dass es weniger Gewalt und mehr Gerechtigkeit
›nach‹ oder ›ohne‹ den Menschen gäbe. Vielleicht wäre es sogar besser, es hätte sie
(›die‹ Menschheit) oder ihn (›den‹ Menschen) nie gegeben. Doch besser ist eben noch
lange nicht gut. Gewaltfreiheit, oder zumindest ihre Minimierung, und ethisch-poli-
tisch-soziale Gerechtigkeit bleiben daher selbstverständlich auch Ziele für einen kritischen Posthumanismus. Auch wenn sich dieser im Endeffekt nicht ›jenseits‹ von
Gewalt positionieren kann, so ist er doch der zeitgenössischen ›Kritik der Gewalt‹ im
Sinne Benjamins, Derridas und auch Judith Butlers verpflichtet. Dies ist jedoch nicht
das gleiche wie ein ›gewaltloser‹ Posthumanismus oder die Vorstellung, dass irgend-
welche technikaffine Posthumane, wie sie sich manche Transhumanisten vorstellen,
›jenseits‹ von Gewalt anzusiedeln wären. Dennoch bleibt der Horizont der Gewalt-

freiheit intakt: »Die Welt von morgen wird, nein muss eine auf Gewaltfreiheit gegründete Gesellschaft sein«, wie Mahatma Ghandi es 1946 forderte (Ghandi 2014: 85).

Judith Butlers Ansatz kommt einer nicht-(mehr-)humanistischen Idee von Gewaltfreiheit sehr nahe. In *The Force of Non-Violence* (2020) greift sie ihren Begriff der »grievability«, also der Bedauerbarkeit, Trauerbarkeit oder Beklagbarkeit auf (vgl. Butler 2009) und verfolgt ihre Frage »when is (a) life grievable?« im Rahmen einer Theorie der Gewaltlosigkeit weiter. Diese baut auf einer, man könnte sagen originären, radikal-sozialen Interrelation auf:

> There is a sense in which violence done to another is at once a violence done to the self [...]. [I]f the one who practices nonviolence is related to the one against whom violence is contemplated, then there appears to be a prior social relation between them; they are part of one another, or one self is implicated in another self. Nonviolence would, then, be a way of acknowledging that social relation, however fraught it may be, and of affirming the normative aspirations that follow from that prior social relatedness. (2020: 9)

Dies setzt eine Interrelation voraus, die sich *vor* jeglicher möglicher Gewaltanwendung ansiedelt und welche als Vorbedingung erst die Idee eines Selbst und eines Anderen erlaubt – also eine Kombination der Ethiken von Derrida und Levinas. Die Frage nach der (legitimen) Selbstverteidigung, die in diesem Zusammenhang normalerweise benutzt wird, um die Idee der Gewaltlosigkeit auszuhebeln oder einzuschränken, wird von Butler dabei nicht zurückgewiesen, aber hinterfragt: Das Selbst, das bei der Selbstverteidigung immer schon vorausgesetzt ist und das notfalls auch mit gerechter Gewalt verteidigt werden muss, ist jedoch selbst das Ergebnis eines vorangegangenen Selektionsmechanismus. Dieser Auswahlmechanismus stellt erst eine Ipseität oder Autoaffektion her, wie Derrida dies wohl nennen würde. Und diese Selektion wird dann wiederum erst zu einer Definition dessen benutzt, was als ein Selbst zählen kann und welches bei Gewaltanwendung anschließend ›beklagbar‹ wird, oder dessen Recht auf ein Leben in Gewaltlosigkeit einklagbar wäre. Butler fragt deshalb:

> Once we see that certain selves are considered worth defending while others are not, is there not a problem of inequality that follows from the justification of violence in the service of self-defense? (Butler 2020: 11)

Soweit so gut, soweit vielleicht auch noch mit einem radikalen Humanismus vereinbar, doch Butler zeigt in diesem Zusammenhang noch eine weitere Perspektive auf – ohne sie jedoch selbst konsequent weiterzuverfolgen –, wenn sie sagt:

The relations that bind and define extend beyond the dyadic human encounter, which is why nonviolence pertains not only to human relations, but to all living and inter-constitutive relations. (2020: 9)

Und hier genau sollte eine posthumanistische Kritik der Gewalt einsetzen und die Idee einer Gewaltlosigkeit quasi *vor* und vielleicht sogar *ohne* den Menschen weiterverfolgen.

Auch im Krieg, wie wir wissen, gibt es nicht nur menschliche Verluste zu beklagen. Nicht nur Menschen tun einander Gewalt an, aber nicht-menschliche Lebensformen sind nur selten »grievable« in Butlers Sinne. Und genau *das* muss sich ändern, und zwar nicht aus reiner Tierliebe oder Sentimentalität – dies ist kein Luxusproblem im Zeitalter der globalen Freisetzung von Gewalt –, sondern schon aus ganz pragmatischen und normativen Gründen. Es braucht, könnte man sagen, einen Übergang von ›Anthropolitik‹, in der es immer zentral um menschliche Interessen geht, hin zu einer ›Postanthropolitik‹, und zwar jenseits der gängigen Dialektik aus Dehumanisierung und Animalisierung. Anders gesagt, die größte moralische Verbesserung wäre es doch wohl, wenn Menschen endlich ihre ambivalente Haltung gegenüber ihrem eigenen Tierkörper ablegen könnten. Genau hier müssen der Metaphysik des Humanismus die schwersten Vorwürfe gemacht werden, nämlich dass die humanistische Sonderstellung des Menschen immer schon auf der Verdrängung der eigenen biologischen Körperlichkeit und der daraus folgenden fundamentalen und gewaltträchtigen Ab- und Ausgrenzung von nichtmenschlichen Tieren beruht – ein Ausgrenzungsmechanismus, der quasi als Platzhalterfunktion in allen möglichen Kontexten fungieren kann, wie Florence Burgat es in ihrem Vorwort zu Patrice Rougets *La Violence de l'humanisme* (2014) sagt:

pourquoi nous faut-il persécuter les animaux? […] ce que forge l'humanisme métaphysique, c'est le mécanisme de l'exclusion, dont il fait uniquement varier le curseur. (Burgat 2014: 9–10)

Am besten auf den Punkt bringt dies Cary Wolfe in einem Interview mit der *New York Times* mit dem provokanten Titel »Is Humanism Really Humane?«:

As long as you take it for granted that it's O.K. to commit violence against animals simply because of their biological designation, then that same logic will be available to you to commit violence against any other being, of whatever species, human or not, that you can characterize as ›lower‹ or more ›primitive‹ form of life. (Wolfe 2017)

Anthropozentrik basiert auf einer Art »*deflection*«, wie es Lynn Worsham nennt, einer Form von »Selbstablenkung« oder Verdrängung, die es erlaubt, vom »Menschen« (an sich) in Opposition zum »Tier« (als solchem) zu sprechen – eine gewaltsame und gewaltlegitimierende Kategorisierung, die eng mit einer substitutiven Opferlogik verwoben ist (Worsham 2013: 721ff). Diese basiert auf einer Ablenkung von der urtraumatischen Erkenntnis, dass wir alle als biologische Wesen vergänglich sind. Sie dient der Verdrängung, in Worshams Worten, unserer »problematic relation to our own animality« (730).

Hier ist also der Ansatzpunkt für eine kritisch posthumanistische Gewaltkritik, indem sie auf der gemeinsamen Verwundbarkeit und Endlichkeit alles Lebenden insistiert und eine Aufarbeitung und Dekonstruktion der traumatisierenden Opferlogik mit ihren Ausdrucksformen von Gewalt vornimmt. Und aus eben dieser Sicht – um auf den Ausganspunkt einer Differenzierung zwischen einer kritisch posthumanistischen und einer transhumanistischen Ausrichtung zurückzukommen – läuft der transhumanistische Traum von der technologischen Überführung des Tierkörpers in die digitale Unsterblichkeit Gefahr, nichts weiter zu sein als eine Fortführung dieser gewaltsamen und gewaltproduzierenden ›Ur‹-Verdrängung.

## 6. Und zum Schluss: Beste Grüße… vom Terminator

Um am Ende noch einmal auf den Terminator zurückzukommen und ›ihm‹ quasi probehalber das letzte Wort zu überlassen – das ist schließlich seine Aufgabe (das letzte Wort haben und auch zu sein): Die Hoffnung, dass die Maschine uns zum besseren Menschen macht, wird bezeichnenderweise am Ende des Films derselben Logik ›geopfert‹, wie sie allen anderen ›subhumanen‹ Spezies unter anthropozentrisch-humanistischen Bedingungen zu Teil wird. Auch der Terminator wird Opfer menschlicher Gewalt – symbolisch zumindest. Nachdem die Maschine uns gezeigt hat, was uns eigentlich zum Menschen macht, muss sie selbstverständlich verschwinden. Und die ›gute‹ Maschine sieht das auch ein, schlägt es sogar selbst vor und schaltet ›sich‹ quasi freiwillig ab. Immer mehr bezweifeln jedoch, dass uns die ›Maschine‹ diesen Gefallen in Zukunft weiterhin tun wird. Manche können es sogar kaum erwarten. Solange die Geschichte menschlicher Gewalt jedoch nicht aufgearbeitet ist, lässt es sich schwer vorstellen, dass eine etwaige posthumane (im Gegensatz zu einer posthumanistischen) Zukunft in irgendeiner Weise besser sein könnte als die Vergangenheit.

*Bibliographie*

Agamben, Giorgio (2003): *Das Offene: der Mensch und das Tier*. Frankfurt am Main: Suhrkamp Verlag.
Batho, Delphine (2019): *Écologie intégrale: Le Manifeste*. Monaco : Éditions du Rocher.

Beck, Ulrich (2004): *Der Kosmopolitische Blick, oder: Krieg ist Frieden.* Frankfurt: Suhrkamp.

Benjamin, Walter (1992): Zur Kritik der Gewalt [1920/21]. In: *Sprache und Geschichte: Philosophische Essays.* Stuttgart: Reclam, S. 104–131.

Blackmore, Tim (2005): *War X.* Toronto: University of Toronto Press.

Braidotti, Rosi (2019): *Posthuman Knowledge.* Cambridge: Polity Press.

Burgat, Florence (2014): Preface. In: Rouget, Patrice, S. 7–11.

Butler, Judith (2009): *Frames of War: When Is Life Grievable?* London: Verso.

Butler, Judith (2020): *The Force of Non-Violence: An Ethico-Political Bind.* London: Verso.

Coker, Christopher (2004): *The Future of War.* Oxford: Blackwell.

Cudworth, Erika/Hobden, Steve (2015): The Posthuman Way of War. In: *Security Dialogue* 46/1, S. 513–529.

Derrida, Jacques (1991): *Gesetzeskraft: Der »mystische Grund der Autorität.* Frankfurt: Suhrkamp.

Ghandi, Mahatma (2014): *Gewaltfreiheit: Auszüge aus Reden und Schriften.* Stuttgart : Reclam.

Haraway, Donna (1991): A Cyborg Manifesto: Science, Technology and Socialist-Feminism in the Late Twentieth Century. In: *Simians, Cyborgs and Women: The Reinvention of Nature.* New York: Routledge, S. 149–182.

Herbrechter, Stefan (2009): *Posthumanismus – Eine kritische Einführung.* Darmstadt : WBG.

Horstmann, Ulrich (2016): *Das Untier: Konturen einer Philosophie der Menschenflucht* [1983]. Neuauflage mit Nachw. Frank Müller. Berlin: Johannes G. Hoof.

Latour, Bruno (2015): *Face à Gaïa: Huit conférences sur le nouveau régime climatique.* Paris : La Découverte.

Latour, Bruno (2017): *Où atterrir? Comment s'orienter en politique.* Paris : La Découverte.

Latour, Bruno (2021): *Où suis-je? Leçons du confinement à l'usage des terrestres.* Paris : La Découverte.

Liggieri, Kevin (2020): Anthropotechnik. In: Heßler, Martina/Liggieri, Kevin (Hgg.): *Technikanthropologie: Handbuch für Wissenschaft und Studium.* Baden-Baden: Nomos, S. 308–312.

Meckel, Miriam (2011): *Next: Erinnerungen an eine Zukunft ohne uns.* Hamburg: Rowohlt.

Neyrat, Frédéric (2008): *Biopolitique des catastrophes.* Paris: Éditions MF.

Neyrat, Frédéric (2016): *La Part inconstructible de la terre: Critique du géo-constructivisme.* Paris : Seuil.

Nida-Rümelin, Julian/Weidenfeld, Nathalie (2018): *Digitaler Humanimus: Eine Ethik für das Zeitalter der Künstlichen Intelligenz.* München: Piper Verlag.

Ranisch, Robert/Lorenz Sorgner, Stefan (2014): *Post- and Transhumanism: An Introduction.* Frankfurt: Peter Lang.

Rouget, Patrice (2014): *La Violence de l'humanisme: Pourquoi nous faut-il persécuter les animaux ?* Paris: Calman-Lévy.

Sandel, Michael J. (2015): *Plädoyer gegen Perfektion: Ethik im Zeitalter der genetischen Technik.* Berlin: Berlin University Press.

Schwab, Klaus/Malleret, Thierry (2020): *Covid-19: Der große Umbruch.* Genf: World Economic Forum.

Schwab, Klaus/Malleret, Thierry (2020): *Covid-19: The Great Reset.* Geneva: World Economic Forum.

Sloterdijk, Peter (1999): *Regeln für den Menschenpark: Ein Antwortschreiben zu Heideggers Brief über den Humanismus.* Frankfurt: Suhrkamp.

Sorgner, Stefan Lorenz (2019): *Übermensch: Plädoyer für einen Nietzscheanischen Transhumanismus.* Basel: Schwabe Verlag.

Sorgner, Stefan Lorenz (2016): *Transhumanismus: »Die gefährlichste Idee der Welt«!?* Freiburg: Herder.

Suskind, Jamie (2018): *Future Politics: Living Together in a World Transformed by Tech.* Oxford: Oxford University Press.

*Terminator 2: Judgment Day* (1991). Dir. James Cameron. Tri Star Pictures. USA.

Tugendhat Ernst (1986): *Nachdenken über die Atomkriegsgefahr und warum man sie nicht sieht.* Berlin: Rotbuch.

Wolfe, Cary (2017): »Is Humanism Really Humane?« Interview with Natasha Lennard. In: *The New York Times,* 9. Januar: https://www.nytimes.com/2017/01/09/opinion/is-humanism-really-humane.html (19. Mai 2022).

Worsham, Lynn (2013): Toward an Understanding of Human Violence: Cultural Studies, Animal Studies, and the Promise of Posthumanism. In: *Review of Education, Pedagogy & Cultural Studies,* 35/1, S. 51–76.

*Erich Hörl*

# Im Epochenlosen

## Bernard Stieglers Denken des Entropozäns[1]

ABSTRACT: The paper outlines the thinking of suspension that characterizes the work of Bernard Stiegler. On the one hand, it lays out the problem of ›doubly epokhal redoubling‹ [*double redoublement épokhal*] Stiegler develops to work through the question of epochal change as the core of his techno-phenomenology of disorientation. On this basis, on the other hand, it presents Stiegler's reflections on being-in-disruption, that define our present of the computational *Gestell* and the Entropocene, as the final stage of the Anthropocene, as an un-time of absence of epoch. It is this condition of epochlesness, this difficult constellation of a comprehensive absence, that enjoins, that forces us today to think carefully, and thereby radically rearticulates the question of thinking in terms of care. The main thesis of the paper is that what is breaking through in Stiegler's thinking of suspension is a new sense of sense, a trans-formative sense that, given the urgent new ›Great Transformation‹ of which we have seen merely the beginning, may be of great philosophical and political relevance.

KEYWORDS: logic of epochality, computational *Gestell*, disruption, Entropocene, care-ful thinking

> »To think [...] is always to think and to care for and about
> the *general* form of what any age refers to as *today*.«
> Bernard Stiegler[2]

---

1    Dieser Text wurde in verschiedenen Vorfassungen im Rahmen der Tagung *Memory of the Future: Thinking with Bernard Stiegler* (03.12.2020) am Leiden Centre for Continental Philosophy, im Rahmen des Seminar of Aesthetics der Universität Oslo (10.12.2020) und schließlich im Kolloquium *Szenen der Kritik: zwischen postkolonialer, medienästhetischer und politischer Philosophie* (30.05.2021) an der Universität Frankfurt/Oder vorgetragen. Ich bedanke mich bei Susanna Lindberg (Leiden) und bei Ina Blom, Ursula Münster und Eivind Røssaak (Oslo) sowie Katja Diefenbach und Andrea Allerkamp (Frankfurt/Oder) für die Einladung und bei allen Teilnehmer*innen für die intensive Diskussion und die wertvollen Hinweise.

2    Stiegler, Bernard (2018): »What is Called Caring?«. In: ders.: *The Neganthropocene.* Übersetzt von Daniel Ross. London: Open Humanities Press, S. 188–270, hier S. 212.

## 1. Einleitung: ein epochales Denken

Die Schwelle von Bernard Stieglers Hauptwerk *La technique et le temps* wird von
Maurice Blanchots »Sur un changement d'époque: l'exigence du retour« markiert.
Dabei handelt es sich um eine äußerst weitreichende Anzeige. Der Text – ein für die
Formierung von Blanchots eigener Programmatik zentrales Gespräch über die Zäsur,
die Zeitenwende, das Ende der Geschichte, ja den Schritt ins absolut Andere von
Geschichte durch die moderne Technik und die äußerste Gefahr, die diesen Übergang
kennzeichnet[3] – prangt über der allgemeinen Einleitung in das mehrbändige Vorhaben
Stieglers.[4] Er gibt einem ganzen Werk, das sodann in vielen Verzweigungen vorangetrieben werden wird, seinen Einsatz – einem Werk, das in gewisser Weise, wie sich
heute rückblickend sagen lässt, eine riesige Auslegung und originäre Weiterführung
von Blanchots Überlegungen zum Epochenwechsel gewesen sein wird. *Incipit* mit
folgenden Worten:

---

3   Der Text war in einer ersten Fassung im April 1960 unter dem Titel »Entretien sur un change-
    mengent d'époque« in der *Nouvelle Revue française* erschienen. Einige Jahre später hat ihn
    Blanchot unter dem Titel »Sur un changement d'époque: l'exigence du retour« in *L'Entretien
    infini* aufgenommen, dabei den ursprünglichen Text geringfügig überarbeitet, vor allem aber um
    einen zweiten, Nietzsches Rede von der ›ewigen Wiederkehr des Gleichen‹ (ins Französische
    üblicherweise als ›éternel retour du même‹ übersetzt) gewidmeten Teil entscheidend ergänzt,
    was der verlängerte Titel anzeigt (Blanchot, Maurice (1969): *L'Entretien infini*. Paris: Gallimard).
    Die vorliegende deutsche Übersetzung des Textes bringt, obwohl der doppelte Titel aus
    *L'Entretien infini* erscheint, nur den ersten Teil (vgl. Blanchot, Maurice (1991): »Über einen
    Epochenwechsel: die Forderung der Rückkehr«. In: ders.: *Das Unzerstörbare. Ein unendliches
    Gespräch über Sprache, Literatur und Existenz*. Übersetzt von Hans-Joachim Metzger und Bernd
    Wilczek. München: Hanser, S. 134–145). Tatsächlich verdiente das Verhältnis dieser beiden
    Teile, die Spannung, die zwischen ihnen besteht, eine eingehendere Betrachtung, was ich an-
    dernorts leisten werde. ›Changement d'époque‹ ist insgesamt eine, wenn nicht die Schlüssel-
    formel Blanchots, die dieser Text geprägt hat und die seine ganze Programmatik des Fragmen-
    tarischen – an den Grenzen des Nihilismus, aus diesem aufsteigend und ihn überschreitend –
    trägt (Vgl. Hill, Leslie (2012): *Maurice Blanchot and Fragmentary Writing. A Change of Epoch*.
    London/ New York: Continuum).
4   Das Vorhaben *La technique et le temps* ist mit den drei Bänden, die 1994 (*Vol. 1: La faute d'Epi-
    méthée*), 1996 (*Vol. 2: La désorientation*) und 2001 (*Vol. 3: Le temps du cinéma et la question du mal-
    être*) erschienen, nicht beendet. Es durchquert alle folgenden Arbeitsphasen Stieglers. In den
    Fußnoten anderer Schriften, insbesondere von *Qu'appelle-t-on panser? 1. L'immense régression*
    (Éditions Les Liens Qui Libèrent, 2018), sind weitere Bände angekündigt: *Vol. 4: L'épreuve de la
    vérité dans l'ère post-véridique*; *Vol. 5: Symboles et diaboles*; *Vol. 6: La guerre des esprits*; *Vol. 7: Le
    défaut qu'il faut. Idiome*, idios, *idiotie*. Das Manuskript des erwähnten vierten Bandes wurde am
    01.09.2017 von Stiegler an Freunde und Kollegen verschickt. Der Band blieb bisher im Original
    unveröffentlicht. Dan Ross hat eine bislang ebenso unveröffentlichte englische Übersetzung des
    Bandes angefertigt: *Technics and Time 4. Faculties and Functions of Noesis in the Post-Truth Age*.

— Räumen Sie mit Gewißheit ein: daß wir an einem Wendepunkt stehen?

— Wenn es eine Gewißheit ist, so stehen wir nicht an einem Wendepunkt. Die Tatsache, in dem Moment zu leben, in dem sich ein Epochenwechsel vollzieht (so es einen solchen gibt), nimmt auch das sichere Wissen in Beschlag, das ihn bestimmen möchte, indem sie die Gewißheit wie die Ungewißheit unangemessen macht. Wir können uns nie weniger konturieren als in einem solchen Moment: das vor allem ist die geheime Kraft des Wendepunktes.[5]

Genau diese schwierige Aufgabe der Konturierung im Moment der Wende, unter deren Banner sich Stieglers Denken ankündigt, ist in den Jahren, die uns von Blanchots Überlegungen trennen und dabei tief in die neue komputationale Bedingung hineingeführt haben, zu einer fast unmöglichen Herausforderung herangewachsen. So ist insbesondere das »Wir«, das sich hier konturieren und rekonstituieren soll, als wesentliches Moment dieser Umwendung selbst, geradezu im Zerfall begriffen, wird unentwegt von allen möglichen Desindividuationsprozessen, die Blanchot in ihrer Wucht noch kaum erahnen konnte, destituiert. Eben diese schwierige Aufgabe wird von Stiegler *in extenso* in Angriff genommen und als seine philosophische Lebensaufgabe übernommen. Das *Problem* des »Epochenwechsels« und seine Ausarbeitung zur *Frage* der Epochalität, die dieses Problem auf absolut einzigartige Weise aus der Perspektive und als Sache des Technologischen neu aufzuwerfen versteht – bis hin zur Neufassung des techno-logischen Sinns von Epochalität überhaupt, in dem ein »Wir« sich jeweils im Zusammenwirken eines »Wer« und eines »Was« komponiert und darin konsistiert –,[6] genau dies skandiert und situiert dieses Denken von Beginn an und wird es durchgehend in seiner ganzen Struktur und in seinem Werden bestimmen, durch all die zu unterscheidenden Phasen hindurch, die es schließlich durchläuft – der technologischen, der pharmakologisch-organologischen, schließlich neganthropologischen Phase gleichermaßen.[7]

Blanchot, zum Zeitpunkt der fraglichen Überlegungen bereits tief in die genauere Bestimmung der Notwendigkeit fragmentarischen Schreibens und dessen präziser geschichtlichen Verortung verstrickt, hat das Problem des Epochenwechsels hauptsächlich als Sprach- und Sinnproblem aufgefasst. »Daß wir am Ende eines Diskurses

---

[5] Blanchot: »Über einen Epochenwechsel«, S. 134.

[6] Die Differenz des »Wer« und des »Was« organisiert den zweiten Teil von Stieglers *Technik und Zeit: Der Fehler des Epimetheus*, der der Lektüre von Heideggers *Sein und Zeit* gewidmet ist und dabei insbesondere die »Hypothese einer *technologischen* Zeit (der Zeit des *Was*), die konstitutiv für die Zeitlichkeit des *Wer* ist« (S. 275, Hervorhebungen im Original), ausarbeitet (Stiegler, Bernard (2009): *Technik und Zeit. Der Fehler des Epimetheus.* Zürich/Berlin: Diaphanes).

[7] Diese drei Phasen hat Daniel Ross überzeugend unterschieden in seiner Einleitung zu Stieglers *The Neganthropocene* (Ross, Daniel (2018): »Introduction«. In: Stiegler: *The Neganthropocene*, S. 7–32, hier S. 22–26).

stehen und daß wir uns beim Übergang zu einem anderen weiterhin aus Bequemlichkeit in einer alten, unangemessenen Sprache ausdrücken«, heißt es, »das ist die größte Gefahr.« Die »für *geschichtliche* Zeiten geeignete Terminologie« – allen voran Begriffe wie »Freiheit, Entscheidung, Person, Bewußtsein, Wahrheit und Eigenständigkeit« – könne dem »Ereignis, auf das wir stoßen« und das nach Blanchot infolge des »Vorherrschens des Maschinellen« und der »Indienstnahme der wesentlichen Kräfte der Materie« nunmehr »einen elementaren Zug, nämlich den Zug unpersönlicher Mächte«[8] trägt, nicht mehr gerecht werden. Durch die romantischen Technokratiedeutungen eines Ernst Jünger oder Teilhard de Chardin hindurch – ohne Zweifel aber auch vor dem Hintergrund seiner genauen Kenntnis von Heideggers Überlegungen zum Gestell und insbesondere auch von dessen Vorlesung *Was heißt Denken?* – zeichnet sich ihm die Einsicht ab, »daß es, verborgen in dem, was man die moderne Technik nennt, eine Macht gibt, die alle Verhältnisse des Menschen zu dem, was ist, beherrschen und bestimmen wird. Wir verfügen über diese Macht, so wie sie gleichzeitig über uns verfügt. Aber wir kennen ihren Sinn nicht; wir begreifen ihn nicht völlig.«[9] »Die Gefahr«, so Blanchot schließlich, »liegt vor allem in der Weigerung, den Epochenwechsel zu sehen und den Sinn dieser Wende zu bedenken. [...] Ich behaupte sogar, daß die Gefahr möglicherweise einzig und allein durch unsere überkommene Sprache hervorgerufen wird, die uns nötigt, im Stil der Geschichte und im Diskurs der Vorstellung zu sprechen [...].«[10]

Der auffällige Begriffsreichtum von Stieglers Arbeit, die eigentümliche, genau den Stil der Geschichte und das Vorstellungsdenken aus den Angeln hebende Begriffspolitik, die diese auszeichnet, seine enorme schöpferische Kraft zur Neubeschreibung, die – im Durchgang durch viele, nicht nur philosophische, sondern auch anthropologisch-ethnologische, physikalische, politisch-ökonomische, biologische, neurophysiologische, informatische Diskurse – mit dem von Blanchot attestierten Sprach- und Begriffsverlust im Angesicht der modernen Technik ringt, all dies findet genau in dieser Gefahr, die uns laut Blanchot am Rande der geschichtlichen Zeit widerfährt, seine

---

8    Blanchot: »Über einen Epochenwechsel«, S. 136 (Hervorhebung E.H.).

9    Blanchot: »Über einen Epochenwechsel«, S. 140. Blanchot operiert hier terminologisch – über die Problematik der (Un-)Verfügbarkeit der Technik, die an die Stelle der Unverfügbarkeit des Kapitals tritt, beides Variationen der Grunderfahrung einer »Nicht-Verfügbarkeit der Geschichte« (Heinz-Dieter Kittsteiner) – in nächster Nähe zum Diskurs des *reactionary modernism* (Jeffrey Herf).

10   Blanchot: »Über einen Epochenwechsel«, S. 144. Blanchot erwägt, dass wir uns »das Recht auf eine Sprache« geben könnten, »in der die Kategorien, die sie bisher zu tragen schienen, ihre Geltungsmacht verlieren: Einheit, Identität, Vorrang des Selben, Erfordernis des Ich-Subjekts – Kategorien, die von ihrem Mangel postuliert werden und zwar ausgehend von ihrer Abwesenheit als das Versprechen ihres Kommens in der Zeit und durch die Arbeit der Zeit.« (Blanchot: *L'Entretien Infini*, S. 406 (Übers. E.H.)).

Aufforderung und Begründung. Hier liegt Stieglers wesentlicher Anknüpfungspunkt: Es handelt sich dabei ohne Zweifel um den Versuch, aus einer alten, der zu bezeugenden epochalen Umwendung unangemessenen Terminologie zu einer durchgreifenden Rekonzeptualisierung der technologischen Bedingung als solcher vorzudringen, die dem epochalen Sinn des ›Wir‹ – Sinn des ›Wir‹, der je und je eine Epoche schreibt, eine Epochalität ausmacht – nicht nur gerecht zu werden vermag, sondern diesen vielleicht zum ersten Mal überhaupt in seiner genauen Verfasstheit zu denken erlaubt. Darin liegt für Stiegler die Herausforderung und Aufgabe der Dekonstruktion überhaupt, ihre geschichtliche Reichweite und ihr Einsatz, auf die hin er sie entwirft. Und es geht hier dann ganz folgerichtig nicht zuletzt auch, in einer Art Überwindung des ihr inhärenten Nihilismus, um eine Bejahung dieser Wende. Dieses Erfordernis hat Blanchot seinerseits bereits umgetrieben, was man daran erkennt, dass es sich bei ihm, wenn er von Epochenwechsel spricht, nicht bloß um die Negativität eines einfachen geschichtlichen Bruchs und um die naive Versuchung der Ausrufung eines neuen Zeitalters, eines Neubeginns, eines anderen Anfangs oder einer Neu(be)gründung handelt, sondern jenseits jedes dialektischen Voranschreitens von Geschichte um eine radikale Suspension, die auf eine unberechenbare und unvorhersehbare Zukunft öffnet durch eine radikale Bejahung, »die Bejahung selbst«,[11] wie er schreibt, die nichts als bejaht, die Bejahung als solche bejaht und anstelle einer Dialektik die Bewegung von Differenz und Wiederholung erkennt.

Blanchots Problematisierung des Epochalen verdichtet sich bei Stiegler in die Programmatik einer Ausarbeitung des Verhältnisses von Technik und Zeit. Dabei wird nicht nur der Epochenwechsel, wie er im Verlaufe des 20. Jahrhunderts im Zuge der allgemeinen Computerisierung und Kybernetisierung geschieht, von weit her in den Blick genommen – aus einer lang dauernden Geschichte der Grammatisierung, die Geschichte als überhaupt von der Schrift eröffnet und selbst als Schrift, damit immer schon als techno-logische Geschichte entfaltet.[12] Der Epochenwechsel am Rande der geschichtlichen Zeit und zugleich als deren Bedrohung durch ihr inneres Außen der Technologie wird überhaupt das ganze Problem von Geschichte als solcher in ein anderes Licht tauchen – und wir werden noch sehen, wie genau die Bestimmung dieses Randes der geschichtlichen Zeit Stiegler mehr und mehr umtreiben, um nicht zu sagen

---

11  Blanchot: *L'Éntretien infini*, S. 409. Genau darum geht es im zweiten Teil von »Sur un changement d'époque: l'exigence du retour«, der den Text von 1960 supplementiert.

12  Stieglers Geschichtskonstruktion, die im Sinne Blanchots mit dem Stil der Geschichte bricht, lässt sich als eine technologische Auslegung von Derridas Denken der *différance* begreifen. Stiegler, Bernard (2011): »Allgemeine Organologie und positive Pharmakologie«. Übersetzt von Ksymena Wojtyczka. In: Hörl, Erich (Hg.): *Die technologische Bedingung. Beiträge zur Beschreibung der technischen Welt.* Berlin: Suhrkamp, S. 110–146, hier S. 131–146; ders. (2009): »Derrida und die Technologie«. In: Stiegler, Bernard: *Denken bis an die Grenzen der Maschine.* Hg. v. Erich Hörl. Übersetzt von Ksymena Wojtyczka. Zürich und Berlin: Diaphanes, S. 111–153.

heimsuchen wird, bis hin schließlich zu unserer eigenen Situierung in der Disruption, womit er unsere heutige unmögliche Epochalität am äußersten und als äußerstes Ende des Entropozäns beschreibt. Am Ende geht es darum, die Logik der Epochalität selbst, die hier, in dieser Epochenwende im Ende von Geschichte,[13] auf bislang nie dagewesene Weise aufscheint, in ihrer wesentlichen Technologizität zu rekonstruieren und gerade darin, in dieser und als diese Neubestimmung von Epoche, den Sinn dieser Wende zu erschließen: Geschichte erscheint bei Stiegler als Zeit, die sich als eine immer schon verspätete, verzögerte unwahrscheinliche Antwort auf eine technologische Suspension vollzieht, als differierende Zeit, deren Klippe bzw. Abgrund eine Menschheit wäre — oder eher ein »Geschlecht«, wie Stiegler mit Derrida sagt —, die sich außerhalb der Zeit des aufschiebend-aufgeschobenen, darin stets Zukunft und mithin Geschichte eröffnenden Antwortens befindet, ein Geschlecht einer »Zeit ohne Zeit«[14], ein Geschlecht im Zeit- und Epochenlosen, im Zusammenbruch des Antwortvermögens, ohne Vermögen zur differierenden Transformation.[15] Es handelt sich schließlich um einen durch und durch transformativen Sinn, genauer gesagt einen transformativen Sinn von Sinn, der in dieser Epochenwende als deren Herausforderung Gestalt annimmt, um dessen Konzeptualisierung und sinngeschichtliche Verortung Stieglers Werk in immer wieder neuen Anläufen ringt, um uns schließlich, im Moment seines jähen Abbruchs, die Aufgabe der Transformation – als Aufgabe sorgsamen Denkens – als sein dringlichstes Erbe zu hinterlassen. Stieglers Denken ist im stärksten Sinne epochal, ein wahrhaftes Epochendenken. Dies ist die Problematik Stieglers.[16]

## 2. Ein Denken der Suspension: Erkundungen der Epochenlogik

Das Denken des Epochenwechsels, das Stiegler in Gestalt eines Denkens der Suspension vorlegt, beginnt mit einer absolut umstürzenden Reformulierung des Problems der *épokhè*, aus der sein einzigartiges philosophisch-diagnostisch-politisches Projekt erwächst – so meine These. Die *épokhè* gilt dabei nicht mehr wie bei Husserl als *methodisches* Prinzip der »Einklammerung« oder der »Ausschaltung« der natürlichen

---

13   D.h. im Ende eines bestimmten Begriffs und Sinns von Geschichte, der Geschichte selber oder als solcher, des Kollektivsingulars der Geschichte, dessen Hervortreten in der sogenannten ›Sattelzeit‹ (1750–1850) Reinhart Koselleck beschrieben hat. Vgl. auch Hörl, Erich (2023): »The Break In and With History: Nancy's Thinking of History in Light of the Disruptive Condition«. In: Lindberg, Susanna / Magun, Artemy / Tatari, Marita (Hgg.): *Thinking With – Jean-Luc Nancy*. Zürich: Diaphanes, S. 185–199.

14   Stiegler: *Der Fehler des Epimetheus*, S. 290.

15   Vgl. Stiegler: *Der Fehler des Epimetheus*, S. 298.

16   Im Sinne von Althussers Verständnis einer Problematik vereinigt, wie zu sehen sein wird, die Epochenproblematik die wesentlichen Elemente von Stieglers Denken.

Welt (des Vorhandenen), nicht mehr als Leistung eines transzendentalen Egos, die den Übergang von der natürlichen zur theoretischen Einstellung auf seinem bisherigen Höhepunkt vollzieht.[17] Vor jeder subjektiven *épokhè*, so könnte man sagen und als ihr ursprüngliches Supplement, gibt es immer schon das, was Stiegler »objektive *épokhè*« nennt. Die objektive – qua Exteriorisierung durch technische Objekte, oder, wie es in der späten neganthropologischen Werkphase mit Alfred Lotka gesprochen heißt, qua Exosomatisierung ausgelöste – *épokhè* erweist sich überhaupt als die bislang ungedachte Epochenbedingung, die jede Epochalität als solche grundiert. Diese Umwendung des *Épokhè*-Problems, die in der Umstellung von der subjektiven auf die objektive *épokhè* letztere von einem methodischen Prinzip zu einem zentralen geschichtlichen Moment wendet, diese Umwendung trägt zunächst sein pharmakologisch-organologisches Werk, das er seit *La Faute d'Epimethée*, dem ersten Band von *La technique et le temps*, ausarbeitet und das die begrifflich-geschichtliche Entfaltung und Verzweigung dieser Umwendung in all ihren Konsequenzen darstellt. Und der Übergang in die spätere neganthropologische Phase wird genau das *Épokhè*-Problem wiederaufnehmen und konzeptionell weiter vertiefen, es überhaupt zum entscheidenden Moment für die geschichtliche Bestimmung unserer Gegenwart als Epochen- und Weltloses machen. Dabei lautet der zentrale Begriff dieser weitreichenden Reformulierungsanstrengung, die die Phänomenologie gleichermaßen technisiert und politisiert (und den ich im Folgenden herausarbeiten werde): »epochale Verdoppelung« [*redoublement épokhal*].

Der Überlegung zur epochalen Verdoppelung kommt spätestens seit Beginn von *La désorientation*, dem zweiten Band von *La technique et le temps*, eine exponierte konzeptuelle Stellung zu, hier wird sie pointiert als das wesentliche Moment, welches das Problem des Epochenwechsels, wie er die ganze Unternehmung von Anfang an bestimmt, auf eine neue begriffliche Stufe hebt, die dann ab diesem Zeitpunkt das Denken Stieglers bis in dessen philosophisch-politische Strategien hinein durchgreifend prägt. Die entscheidende Passage lautet:

---

17   Vgl. §§31 u. 32 von Husserl, Edmund (1992): *Ideen zu einer reinen Phänomenologie. Gesammelte Schriften 5*. Hg. v. Elisabeth Ströker. Hamburg: Felix Meiner Verlag. *Epoché* (griech. ›anhalten‹) meint ursprünglich in der pyrrhonischen – der ältesten griechischen Form der – Skepsis eine grundsätzliche »Urteilsenthaltung« aus der Einsicht in die Ungewissheit allen Wissens, ein »Innehalten« mit der Suche nach dem Wahren, eine »Zurückhaltung«, Aufgabe des Strebens, überhaupt jemals aus der unhintergehbaren Urteilslosigkeit herauszukommen. Der Begriff bezeichnet also eine eigentümliche und weitreichende Form der Suspension, die mit einer ganzen Existenzweise verbunden ist und die erst in der Moderne umgearbeitet wird zum bloß methodischen Zweifel und zu einer entsprechenden Operation des Subjekts, ein voraussetzungsloses Erkennen herzustellen (Vgl. Malte Hossenfelders »Einleitung« in das von ihm herausgegebene Werk von Sextus Empiricus (1985): *Grundriß der pyrrhonischen Skepsis*. Frankfurt/Main: Suhrkamp, S. 9–88).

Ich habe in *Der Fehler des Epimetheus* gezeigt, dass die Erfüllung einer technischen Tendenz oder eines Bündels von Tendenzen, die zu einem Wechsel des technischen Systems führt, das ist, was die Verhaltensprogramme aussetzt, durch die eine Gesellschaft Gestalt annimmt; eine Form von objektiver *épokhè*, gegen die der soziale Körper zunächst Widerstand zu leisten versucht. Anpassung [*ajustement*] geschieht, sobald sich eine *epochale Verdopplung* [*redoublement épokhal*] vollzieht, das heißt die volle Erfüllung, die Vollendung der *épokhè*, in deren Zuge das *Wer* sich die Tatsache der Aussetzung [*suspension*], d.h. der programmatischen Unbestimmtheit, aneignet. Die technische Entwicklung ist ein Ausreißen aus den gültigen Programmen, das, wird es verdoppelt, eine neue Programmatik erzeugt. Diese neue Programmatik ist ein psychisch-kollektiver Individuationsprozeß. Die zeitgenössische Desorientierung ist die Erfahrung einer Unfähigkeit, die epochale Verdopplung zu vollziehen.[18]

Tatsächlich aber wird die Bewegung der ›epochalen Verdopplung‹ bereits in einem sehr frühen Text zu Charlie Parker und dem Grammophon, der der Veröffentlichung von *La technique et le temps* lange vorausgeht, auseinandergelegt – und es scheint, dass die ganze nachfolgende Entwicklung der Problematik von Technik und Zeit umgekehrt auf die breite Einholung der hier zuerst skizzierten Bewegung hindrängt. Ihre Freilegung markiert Stieglers bewegendsten, weitreichendsten Gedanken überhaupt:

> The endurance of the improbable—that is to say: the suspension of pro-grams, clichés, attitudes, gestures, pre-juged words and actions, badly repeated stereotypes—stems from what philosophy calls *epokhē*, from common Greek. *Epokhē* means at once an interruption, the suspension of judgement, and the state of doubt: the point in the sky where a star seems to stop, a period of time, an epoch, an era.[19]

Und nachdem er auf den philosophischen Gebrauch des Wortes, insbesondere Husserls Gebrauch der *épokhè* als ›Einklammerung‹ und Heideggers Reformulierung der Frage der *épokhè* als Epochen des Seins und dessen Entzugs hinweist, kommt er dezidiert auf seinen eigenen Gebrauch zurück:

> *Epokhē*, as I have come to use the word here, is first the very actuality of historical time, history in action: this epoch within the succession of epochs. That is how we understand the primary sense of the word today. But, to return to philosophical tradition, and

---

18  Stiegler, Bernard (1996): *La technique et le temps. 2. La désorientation.* Paris: Galilée, S. 15. Dieses und auch alle folgenden Zitate Stieglers daraus wurden von Laura Strack und mir aus dem Französischen ins Deutsche übersetzt.

19  Stiegler, Bernard (2014 [1986]): »Programs of the improbable, short circuits of the unheard-of«. In: *Diacritics*, 42/1, S. 70–109, hier S. 84f.

against it, my aim is to argue that, just as Charlie Parker made history with his saxophone *and* another instrument (the phonograph), *epokhē* is always *double* and always supposes an *epokhal techno-logical ground. Tekhnē* suspends an epoch from *tekhnē; tekhnē* makes *epokhē*, and, in this suspension, there is an improbable response, a linkage, a making of time: it is *epokhē* that makes an epoch.[20]

Und noch einmal stärker: »What *tekhnē* requires is a ›response‹, a linkage that is improbable, which it cannot as such give.«[21] Die Technik ist im allerstärksten Sinne epochal: Sie unterbricht eine Epoche und macht genau darin Epoche, in dieser Unterbrechung und qua programmatischer Antwort auf diese Unterbrechung, die sie herausfordert.[22]

Dass bereits diese frühe Veröffentlichung im Keim den Schlüsselgedanken enthält, weist auf die konstitutive Rolle des *Èpokhè*-Problems für die Genese von Stieglers Problematik insgesamt hin. Faktisch ist es sogar direkt mit seinem Philosoph-Werden verbunden, zumindest wurde es so von ihm selbst 25 Jahre später entsprechend rekonstruiert: bereits vor aller Husserl-Lektüre sei »das, was man in der Philosophie *phänomenologische Epoché* nennt« – die »Aufhebung der Welt« –, im Rahmen einer »vollkommen singulären Erfahrung« des Weltentzugs, die er während seiner Einkerkerung in Saint-Michel bei Toulouse machte, »entdeckt« und schließlich in aller Apodiktizität, die das spätere Programm kennzeichnet, der Übergang von einer »*empirischen*« zu einer »*vernünftigen, methodischen Praktik*« der »Epoché«[23] vollzogen worden – ein Übergang, der das Verständnis von *epokhē* (fortan wie wir gesehen haben als ›epochale Verdoppelung‹ gefasst) überhaupt grundlegend revidieren, deren Sinn gegenläufig zu der bei Husserl noch maßgebenden metaphysischen Einschreibung als Schlüsselakt transzendentaler Subjektivität dekonstruieren und als geschichtliches Momentum techno-logischer Gefüge dechiffrieren wird.

---

20  Stiegler: »Programs of the improbable«, S. 84.

21  Stiegler: »Programs of the improbable«, S. 86.

22  Durchgespielt wird das entlang der Unterbrechung der Schrift, die eine neue Epoche – die Zeit der Geschichte – eröffnet. Und diese ganze Reflexion auf die technologische Bedingung geschieht bereits hier im Lichte der neuen technologischen Bedingung der *epokhē*, der informatischen oder digitalen *epokhē*, die sich laut Stiegler, eben das zeigt bereits die ganze Virulenz des Unterfangens an und den Horizont der sich in diesem Denken zunehmend ausdrückende Sorge, bei all ihren deterritorialisierenden und detemporalisierenden Effekten als wenig produktiv erweist, was die nötigen Verdoppelungen betrifft, die eine neue Epoche eröffnen, als wenig gastfreundlich dem Unwahrscheinlichen, Unerhörten, Außergewöhnlichen gegenüber, das eine neue epochale Programmatik erschafft und das förmlich eliminiert zu werden droht (Vgl. Stiegler: »Programs of the improbable« S. 94).

23  Stiegler, Bernard (2007): *Zum Akt.* Übersetzt von Elisa Barth und Alexandre Plank. Berlin: Merve, S. 43f.

*La Faute d'Épimethée*, der erste Band von *La technique et le temps*, der zunächst durch eine Verschränkung der Überlegungen zur technischen Evolution von Bertrand Gille, Gilbert Simondon und André Leroi-Gourhan eine erste fulminante Durcharbeitung des Epochenproblems vorlegt, ist in seinem theoretischen Herzstück bereits durch eine auffällige Semantik der Verdoppelung gekennzeichnet – der legendären »Verdoppelung« der einsamen Figur des Prometheus durch seinen Bruder Epimetheus, des »doppelten Fehlers« am Ursprung, der im Sinne einer »ursprünglichen Verdoppelung« den Fehler des Prometheus als Verdoppelung des Fehlers des Epimetheus erscheinen lässt, des immer schon »doppelte(n) Schlag(s)« und der »ursprünglichen Duplizität«, die das Außer-Sich-Sein als »ursprüngliche Unvollständigkeit des technischen Wesens« charakterisieren.[24] Durch diese Semantik der Verdoppelung hindurch beginnt sich die Signatur eines neuen Denkens techno-logischer Epochalität abzuzeichnen, die die ganze Problematik der Epochalität als eigentümliche Bewegung eines techno-logischen Differierens als das zentrale Moment von Geschichtlichkeit überhaupt neu aufrollt. Es ist das techno-logische Differieren, das nach Stiegler Differenzen erzeugt. Zur Beantwortung der Frage »Was ist das Epochale?«, die die letzten Abschnitte von *La Faute d'Épimethée* organisiert – Frage danach, wie sich eine Epoche der Geschichtlichkeit überhaupt (er)öffnen kann –, wird die Figur der ›epochalen Verdoppelung‹ mobilisiert, die die etablierten Formen einer bislang selber programmatischen Tradition technologisch außer Kraft setzt und zugleich ein neues Andauern der Vergangenheit, der Antizipation und der Gegenwart programmiert.[25] Und in einer Passage, die Stiegler selbst viele Jahre später als den Ort markiert, an dem er den Begriff (freilich noch ohne dessen pharmakologische Pointierung) eingeführt hätte, heißt es (im Zuge einer Auseinandersetzung mit Heidegger): »Und die ›eigenste Möglichkeit‹ ist die der epochalen Außerkraftsetzung der ›Programme‹ der alltäglichen Öffentlichkeit – eine außergewöhnliche Möglichkeit, die konstitutiv ist für das *Wer*. [...] Das Man funktioniert wie ein Programm, welches das *Dasein* eben auch außer Kraft setzen kann.«[26]

---

24  Vgl. Stiegler: *Der Fehler des Epimetheus*. S. 243–266.

25  Vgl. Stiegler: *Der Fehler des Epimetheus*, S. 301–310, insb. S. 306. Die lineare und phonologische Schrift wird hier als »eine programmatische *épokhè*« angesetzt. Auf S. 304 ist gar von der »epimetheische(n) epochale(n) Verdoppelung« die Rede: »*Und was ist eine Epoche des Seins, was ist das Epochale? Die Epochalität ist immer eine epimetheische epochale Verdoppelung (Verdoppelung des Fehlers des Prometheus, der den ursprünglichen Fehler des Epimetheus verdoppelt).*«

26  Stiegler: *Der Fehler des Epimetheus*, S. 335. Stiegler zitiert diese Stelle in extenso in *Qu'appelle-t-on panser?* (S. 53). Diese »existenziale *Epochalität*« (Stiegler: *Technik und Zeit*, S. 335), die die geschichtliche Epochalität vorbereitet, würde einer geduldigen Auslegung bedürfen, ich muss es hier aus Zeitgründen als bloße archäologische Markierung stehen lassen.

Erst *La désorientation* aber macht diese Grundproblematik der Epochalität zum eigentlichen Dreh- und Angelpunkt der ganzen Konzeption.[27] Dabei wird das *Problem* des Epochenwechsels in die *Frage* des Epochenwechsels, die diesen Wandel zu ›denken‹ [*penser*], damit aber auch zu ›heilen‹ [*panser*] beginnt, überführt.[28] Genau hier firmiert ›epochale Verdopplung‹ jedenfalls von Beginn an als die entscheidende Formel, die den Sinn des Epochenwechsels aufschließt – und zwar in Gestalt eines trans-formativen Sinns, der die genauere Bewegung von Transformation als geschichtliche Grundbewegung selbst auseinanderlegt. Zugleich wird damit die neue Perspektive der Problematisierung, die die Einführung der objektiven *épokhè* darstellt, in Richtung einer gewaltigen, erst noch zu leistenden Epochendiagnostik und einer regelrechten Politik der *épokhè* entfaltet:

> Wenn die *tekhné* die gültigen Programme aussetzt [*suspend*], kommt das Wissen zurück, um seinerseits die stabilen Effekte, die ›Auswirkungen‹ der *tekhné* auszusetzen, indem es sie verdoppelt. Wir nennen dies die epochale Verdopplung [*redoublement épokhal*]. [...] Die ›lineare und phonologische‹ Schrift ist eine programmatische *épokhè*, die die Formen einer zwar nicht als solche erscheinenden, ihrerseits aber selbst programmatischen Tradition aussetzt, und die, in dieser Aussetzung, ein *anderes* Erleben von Vergangenheit, Vorwegnahme und Gegenwart pro-grammiert, wobei letztere fortan als *Präsenz* oder Anwesenheit verstanden wird. Welches *Heute* programmierte also, unwahrscheinlicher Weise, die epochale Verdopplung der verschiedenen und differierenden [*différantes*] analogen, digitalen und biologischen Identitäten, die die Gegenwart, aus der das Heute besteht, in die Krise stürzten?[29]

Hier wird nicht nur unter dem Stichwort einer Krise der Gegenwart die heutige Gefährdung, wenn nicht gar Zerstörung der Fähigkeit zur epochalen Verdoppelung erstmals benannt, deren Folge eine fundamentale Desorientierung ist, um deren genauere Untersuchung und konzeptuelle Erschließung sich Stieglers gesamtes kritisches Projekt und insbesondere auch seine Politik, wie wir noch sehen werden, fortan dreht. Und es ist eben dies – ich werde im nächsten Abschnitt darauf zurückkommen –, was er in der letzten Werkphase, genau genommen seit der Überführung seines pharmakologisch-organologischen Denkens in die neganthropologische Kritik des Entropozäns

---

27    Das hat Stiegler selbst gesehen. Er verweist in *Qu'appelle-t-on- panser?* (S. 141) im Vorbeigehen darauf, dass der Begriff der ›doppelten epochalen Verdoppelung‹ die gesamte Arbeit, die nach *Der Fehler des Epimetheus* geleistet worden wäre, unterstützt und trägt.

28    Ich möchte an dieser Stelle auf die absolut originäre Differenz von Problem und Frage hinweisen, wie sie Stiegler entwirft: »Das Problem ist das, was ein exosomatischer Schock bewirkt, und die Frage ist das, was sich darum zu kümmern versucht — wo heilen denken heißt.« (Stiegler : *Qu'appelle-t-on panser?*, S. 71 f.).

29    Stiegler : *La désorientation*, S. 74 f.

unter dem Titel eines Seins-in-der-Disruption mit höchster Konzentration ausarbeitet. Umgekehrt kann die Bestimmung des Seins-in-der-Disruption als weitreichendste Konzeptualisierung der anfänglichen Intuition des Epochenproblems begriffen werden.

Darüber hinaus erweist sich in der eben zitierten Textpassage auch das ganze Vorhaben einer Dekonstruktion der Präsenz-Metaphysik, in dessen Tradition Stiegler selbst steht, seinerseits bereits als wesentlicher Teil einer epistemischen Antwort auf einen techno-logischen Schock, der genau die Präsenzfixierung einer ganzen Epoche, die von diesem Schock unterbrochen wird, in aller Schärfe exponiert – Stieglers Denken der Suspension führt genau in dem Maße, in dem es das Projekt der Dekonstruktion lesbar macht, dieses auf radikale Weise auf dessen Ungedachtes – das Ungedachte der Technik – hin weiter.[30] Dergestalt wird jedenfalls ›die Dekonstruktion‹, wenn es sie denn geben sollte, auf ihre geschichtliche Bedingung gebracht: Sie wird überhaupt erst im und durch den Eintritt in die Zeit der Kybernetik und mithin des komputationalen Gestells, das die Epoche der phonologischen Schrift einschließlich des in dieser Epoche geprägten Sinns von Geschichtlichkeit beendet, herausgefordert und ermöglicht. Stieglers Denken der Suspension holt genau diesen geschichtlichen Einsatz der Dekonstruktion als Projekt selbst ein, es ist dieser Einsatz, der dadurch in seinem vollen Gehalt zur Darstellung gelangt.

Am wohl präzisesten wird der Begriff der doppelten epochalen Verdoppelung in *Dans la Disruption* auseinandergelegt – am präzisesten, weil er auf seine spezifische Zeitlichkeit hin gedacht wird, nämlich als zeitliche Verdoppelung bzw. Fügung oder Komposition zweier Zeiten. Dabei geht es auch um die Implikation, die diese Fügung für die Konzeptualisierung von Geschichtlichkeit und Epochalität hat. Die für alles weitere so bedeutende Passage, die vor allem die Zeitlichkeit von Epochenbildung herausarbeitet, lautet in extenso:

When a technical system engenders a new epoch, the emergence of new forms of thinking is translated into religious, spiritual, artistic, scientific and political movements, manners and styles, new institutions and new social organizations, changes in education, in law, in forms of power, and, of course, changes in the very foundations of knowledge – whether this is conceptual knowledge or work-knowledge [*savoir-faire*] or life-knowledge [*savoir-vivre*]. But this happens only in a second stage [*un second temps*], that is, *after* the techno-logical *epokhē* has taken place./This is why an epoch

---

30  Stiegler sieht schließlich, ungeheuerlicher Verdacht, die objektive Dekonstruktion sogar in gewisser Weise verwickelt in die entropozäne Bewegung der Denoetisierung und totalen Proletarisierung – und zumindest da, wo sie sich ihrerseits einem Denken des Techno-Logischen verweigert, etwa durch ihr Vergessen des Problems der Sorge, verwickelt in die Ideologie der Disruption. Vgl. Stiegler: *Qu'appelle-t-on panser?*, S. 148f.

always occurs through a doubly epochal redoubling:
- *double* because it always occurs in *two stages* [*en deux temps*] – on the one hand, the technological *epokhē*, on the other hand, the *epokhē* of knowledge as forms of life and thought, that is, the constitution of a new transindividuation (characteristic of a particular time and place);
- *redoubling* because, starting from the *already there* forms of technics and time that are constituted as this or that established epoch, a new technical reality and a new historical reality (or, more precisely, historial – *geschichtlich*) redoubles and through that relegates to the past that which has engendered it, which seems, therefore, precisely to be *the past*;
- *epochal* because it is only as an *interruption* inaugurating a *recommencement* and a *new current present* that this double redoubling occurs, eventually by firmly establishing itself as what we call, precisely, an *epoch*.[31]

Noch die Funktion der Vernunft, wie sie Stiegler in einem seiner späten Schlüsseltexte vorschlägt, hängt an der ›doppelten epochalen Verdoppelung‹:

›Rational‹, here, does not mean logical, referring to apodictic truth as canon and so on (the logical and the apodictic constituting a specific configuration of the exosomatization of noetic functions and faculties), but *everything that assumes the function of reason as the capacity to effect a noetic bifurcation after a doubly epochkal redoubling*.[32]

Und nicht nur das. Auch was einmal unter dem Titel ›Seinsgeschichte‹ höhere Weihen genoss – Titel, in dem sich Heideggers Problematisierung von Epochalität verdichtet als Aneinanderreihung von Epochen der Seinsvergessenheit, ohne dass je geklärt worden wäre, von woher sich diese schreiben –, ist davon getrieben: »The ›history of being‹ is a succession of such crises [...] generated by the tensions provoked by the succession of doubly epokhal redoublings in which the process of exosomatization and its acceleration consists [...].«[33]

In der Formel von der epochalen Verdoppelung verdichtet sich nicht mehr und nicht weniger als das Kernproblem von Technik und Zeit überhaupt, dessen diagnostische Kraft und Reichweite diejenige von Sein und Zeit noch einmal deutlich überschreiten.

---

31  Stiegler, Bernard (2019): *The Age of Disruption. Technology and Madness in Computational Capitalism.* Übersetzt von Daniel Ross. Cambridge: Polity, S. 14f.
32  Stiegler: „What is Called Caring?«, S. 191.
33  Stiegler: »What is Called Caring?«, S. 191f.

## 3. Sein in der Disruption: im Epochen- und Weltlosen des Entropozäns

Seinen ganzen Einsatz findet Stieglers Denken der Suspension da, wo es seine diagnostische Kraft zur Bestimmung der gegenwärtigen Epoche entfaltet – gegenwärtige Epoche, die, wie wir gleich sehen werden, überhaupt die Grenze der Epochenlogik als solcher markiert, und zwar als deren nihilistisches Ende: als Nicht-Epoche, Epochenloses oder Abwesen von Epoche. Diese Diagnostik organisiert sich genau um die Bestimmung der doppelten epochalen Verdoppelung, die im Lichte dieser Diagnostik aber mit neuer Vehemenz hervortritt und nun konzeptuell breit ausgearbeitet und vertieft wird. Denn es ist genau die doppelte epochale Verdoppelung – und eben dies weist Stiegler als Schlüsselmerkmal unseres »Heute« aus –, die nun als solche durchbrochen, beschädigt, in Frage gestellt wird. Dadurch gerät die darin ihren Grund findende epochale Logik selber, die die Bewegung der Geschichtlichkeit insgesamt trägt, aus den Fugen.[34] Der ganze Sinn des Neudenkens der Epoche bzw. des Epochenwandels bei Stiegler, von dem her sich letztlich das Erbe seiner gewaltigen Ausarbeitung der Frage von Technik und Zeit bestimmt, kulminiert in dieser Diagnose; diese erscheint letztlich als der Horizont der Frage von Technik und Zeit überhaupt und das, was in der Ausarbeitung dieser Frage auf dem Spiel steht und sie als *unsere* Frage erzwingt: In der Konturierung dessen, was ich die Un-Zeit des Epochenlosen nenne – ›Un‹ eines doppelten Fehlens wiederum: Fehlen von Zeit und Epoche gleichermaßen –, zeigt sich der Kerngehalt dieses ganzen Unternehmens, erhält es seine Dringlichkeit, offenbart sich seine geschichtliche Signatur als Zusammenbruch von Geschichtlichkeit und Zeitigung gleichermaßen, den es zu denken ermöglicht.

Was heißt das nun genau: das Epochenlose? Und warum lässt es sich als Un-Zeit charakterisieren? Wenn die unwahrscheinliche, nicht-determinierte Antwort auf die Suspension, in der die nachträgliche Verdoppelung der techno-logischen *épokhè* geschieht, ausbleibt und damit der Epochenwechsel nicht gelingt, wenn also die technologische Unterbrechung des Programms, der Überlieferung, des Erbes, der Sorgesysteme, die zusammen jeweils eine Epochalität bilden, absolut ist, was dann eben Disruption heißt, und wenn also jede Epochalität zu zerspringen droht, sich alles Existieren in einer antwort- und verantwortungslosen epochalen Leere aufzulösen, jedwede Konsistenz zu verlieren beginnt, dann befinden wir uns in der unendlichen Entformung und Unterbrechung des Epochenlosen – wie es unser Sein als *Sein in der Disruption*, das Stiegler als unserer gegenwärtige Seinsbedingung zeichnet, charakterisiert. Nicht jede epochemachende Unterbrechung ist also disruptiv. Um Disruption handelt es sich nur, wenn die Unterbrechung nicht verdoppelt werden kann und einer absoluten Leere des Denkens stattgegeben wird. ›*Die* Disruption‹ ist also eine durch

---

34 Stiegler, Bernard: »The Anthropocene and Neganthropology«. In: Stiegler: *The Neganthropocene*, S. 24–50, hier S. 36.

und durch *geschichtliche* Bestimmung. Wenn *Dans la Disruption* die doppelte epochale Verdoppelung im Detail auseinanderlegt und dabei an zentraler Stelle auf die zwei Zeiten, die hier ineinandergreifen, verweist – auf die technologische Zeit einerseits und die Zeit des Wissens, Zeit der Lebensformen und des Denkens andererseits –, dann fehlt in der Disruption die zweite Zeit der epochalen Verdoppelung.[35]

Im Kern fehlt die Zeit des Fragens, die in der technologischen Unterbrechung den Horizont des Unerwarteten zu eröffnen vermag. Wo Heidegger das Fragen, wie Derrida herausgearbeitet hat, für das Denken privilegiert, ja immer wieder Denken und Fragen gleichsetzte – das Fragen zur ›Frömmigkeit des Denkens‹ erklärte –, aber die Möglichkeit des Fragens selbst nicht weiter befragte, da legt Stiegler genau die Bedingung dieser Möglichkeit frei:

> But Dasein can question only because it is itself put into question. And what puts it into question is the pharmakon. The pharmakon, as a technical (exosomatic) upheaval, is what puts into question the one who questions, which is to say the very possibility of questioning. Dasein, the privileged being, questions only inasmuch it is put into question by that what precedes it and at the same time exceeds it beyond all questions, thereby forming what Bergson called an obligation.[36]

Die Möglichkeit des Fragens ist direkt mit der Grundstruktur der doppelten epochalen Verdoppelung verbunden. Diese fundiert und aus ihr kommt gewissermaßen alle Erfahrung der Frage. Die dergestalt gegebene Refundierung der Frage führt zu einer

---

35    Auch dies ist immer noch ein Gespräch mit Blanchot, denn Blanchot hat auch den Text »L'Interruption« aus 1964 in *L'‹Entretien infini* aufgenommen: Auch hier geht es um das »Innehalten« [*arrêt*] und ein »Aussetzen« [*intermittence*]; und hier heißt es auch: »die Unterbrechung [*interruption*] macht die Zukunft möglich« (Blanchot, Maurice (2010): »Unterbrechung«. Übersetzt von Marcus Coelen. In: ders.: *Das Neutrale. Philosophische Schriften und Fragmente*. Hg. von Marcus Coelen. Zürich und Berlin: Diaphanes, S. 171–177, hier S. 172).

36    Stiegler: »What is Called Caring?«, S. 198. (Es sei darauf hingewiesen, dass dieser Text zu einem kleinen Teil (S. 191–204) Auszüge aus *Qu'appelle-t-on panser?* enthält: die Abschnitte 30–36.) Derrida untersucht das »Privileg des *Fragens*« bei Heidegger in Derrida, Jacques (1998): *Vom Geist. Heidegger und die Frage.* Übersetzt von Alexander García Düttmann. Frankfurt/Main: Suhrkamp, insb. S. 16ff. Derrida verweist hier auch bereits auf die »nicht befragte Möglichkeit der Frage« und darauf, dass »das Privileg der Frage schon etwas mit der Irreduktibilität der Technik zu tun« hat. *Pharmakon*, altgr. ›Gift‹ und ›Heilmittel‹, ist der zentrale Begriff von Stieglers Pharmakologie der Technik. Jedes technische Objekt ist demnach pharmakologisch, d.h. Gift und Heilmittel zugleich. »The *pharmakon* is at once what *enables* care to be taken and that *of which* care must be taken – in the sense that it is necessary to *pay attention:* its power is *curative to the immeasurable extent [dans la mesure et la démesure]* that it is also *destructive.*« (Stiegler, Bernard (2013): *What Makes Life Worth Living.* Übersetzt von Daniel Ross. Cambridge/UK: Polity, S. 4) Für die Skizze einer »Pharmakologie der Frage« vgl. Stiegler: *What Makes Life Worth Living*, S. 101–118.

Neubestimmung des Denkens als sorg-sames Denken, weil Denken selbst aus der herausfordernden Infragestellung durch das *pharmakon* der Technik kommend eben diese Infragestellung differantiell wenden, darin zuallererst eine »therapeutic activity« ausüben und die »Wunde« – die Wunde der (technologischen) Suspension – heilen soll. Stiegler pointiert: »To think [penser, E.H.] would therefore be to take care, to care for [panser, E.H.], which is also to say, to act, to do, to make – (the) *différance:* it would always be to think the wound.«[37] Umgekehrt heißt das, dass in der Disruption genau diese Möglichkeit in einem bislang nie da gewesenen Ausmaß bedroht ist – Stiegler spricht sogar davon, dass in der Disruption die Produktion von *différance* zusammenbricht[38] – und eine desaströse Herrschaft des Fraglosen beginnt. Unter diesen Bedingungen zunehmender Fraglosigkeit gibt es insbesondere auch keine Zeit der Transindividuation mehr, also differantielle Zeit, darin sich durch die diachrone Ko-Individuation der »Ichs« hindurch die synchronisierende Trans-Individuation eines »Wir« vollzieht, die die »Ichs« wiederum transformiert, sondern nur noch die Un-Zeit des Individuationsverlustes, der Desindividuation, in der auch das »Wir« seine Konsistenz verliert, überhaupt kein Konsistieren und kein Existieren mehr gelingt: »In the midst of disruption, the second stage of the doubly epokhal redoubling fails to occur; there is no transindividuation.«[39]

Diese Problematik steht im Zentrum der Ausarbeitung der Frage des vollendeten Nihilismus des komputationalen Gestells, die Stieglers letzte Arbeiten unternehmen – und zwar ganz folgerichtig unter dem Titel eines »Abwesens von Epoche« [*absence d'époque*].[40] Der Weltverlust, den Heidegger in seinem Gestell-Denken als Horizont der technisierten Moderne und ihrer unbändigen Weltbildungsanstrengung problematisierte und den dann im Anschluss Gérard Granel, einer von Stieglers wesentlichen Lehrern, als großen Verunweltlichungsprozess aus dem Zusammenwirken der Verunendlichungsakteure Technik und Kapital rekonstruierte, diese Entweltlichung wird bei Stiegler total und rangiert als letzte Konsequenz epochalen Abwesens in der Disruption. Das Epochenlose ist so gesehen das Weltlose bzw. Stieglers Denken des Epochenlosen erscheint als konsequente Auslegung und Fassung des Unweltlichkeitsproblems.[41] Wenn für Stieger »Welt« das Sinngefüge eines Konsistierens darstellt

---

37    Vgl. Stiegler, »What is Called Caring?«, S. 214f.

38    Stiegler: »What is Called Caring?«, S. 209.

39    Stiegler: *In the Age of Disruption*, S. 35.

40    Die Formel »›Epoche‹ der Abwesenheit von Epoche« (mit dem Zusatz: »oder Epoche der Programmindustrien«), die unsere Epoche beschreiben soll, taucht zum ersten Mal bereits in *Der Fehler des Epimetheus* auf (Stiegler: *Der Fehler des Epimetheus,*S. 279). Allerdings wird sie erst später präziser und mit großer diagnostischer Reichweite ausgearbeitet.

41    Das Weltlose, um das es hier geht, betrifft strenggenommen beide Bedeutungen des Weltbegriffs, wie sie Badiou so treffend unterschied: als »Sinnhorizont jeglicher Erfahrung« und »als logische Figur, als konsistente Distribution des Erscheinens«. Vgl. Badiou, Alain (2018): *Der zeit-*

auf Basis einer immer schon entäußerten, wesentlich exosomatischen *différance*, so ist die totale Destitution des Epochenlosen – Kollaps der Bewegung des Differierens selbst, ist das möglich? – Gipfelpunkt der Entweltlichung und Verunweltlichung im Zenit der Moderne.

Dieses Abwesen – vielleicht können wir sogar sagen: die Zeit des Anwesens, die Zeit der Präsenzmetaphysik, wird durch eine Un-Zeit des Abwesens abgelöst – wird zuallererst verstanden als »Abwesen von geteilten und kultivierten Protentionen«[42], an deren Stelle die automatischen Protentionen der algorithmischen Gouvernementalität und deren Zerstörung von Erwartungshorizonten, Zukünftigkeit und mithin überhaupt von Zeit treten. Die Zeit-Form, die die historisch-ontologische Grundverfasstheit der Disruption charakterisiert – Präemption (Rouvroy, Massumi), Feed-Forward (Hansen), Tertiäre Protention (Stiegler), um einige Beispiele für die im komputationalen Gestell hervortretende Zeit-Form der Environmentalität zu nennen[43] – erweist sich letztlich als Un-Form der Entzeitigung, die ein fundamentales Abwesen über die ganze Epoche legt, die so vollends zum Epochenlosen gerät. Das Hervortreten der tertiären Protentionen durch die Digitalität und ihre Industrialisierung und Automatisierung durch die algorithmische Gouvernementalität, all dies hebt den epochemachenden Charakter der retentionellen Dispositive, wie er in geschichtlichen Zeiten in Kraft ist, aus den Angeln. Denn Epochen werden laut Stiegler durch »die Akkumulation kollektiver Retentionen und Protentionen«,[44] die ein retentionales Dispositiv ausmachen, gebildet, sie sind aus der Teilung von Retentionen und Protentionen gemacht und die komputationalen tertiären Protentionen sind disruptiv, weil sie die Steuerung und Kontrolle dieser Teilung übernehmen.[45] Schließlich verschwindet alle Zeit im Ereignislosen: »Im Abwesen von Epoche, in dem sich nichts bewahrheiten kann, kann sich auch nichts ereignen.«[46]

Dieser Begriff – ›Abwesen von Epoche‹ – verdichtet ohne Zweifel die gewaltige philosophische Diagnostik über das Anbrechen einer Un-Zeit, die spätestens seit dem

---

genössische Nihilismus. Bilder der Gegenwart I. Wien: Passagen, S. 85, bzw. S. 80. Der Weltbegriff Stieglers bleibt genauer auszuarbeiten. Zu Granels Denken des Weltlosen vgl. Hörl, Erich (2020): »Die Problematik Granels«. In: Granel, Gérard: *Die totale Produktion. Technik, Kapital und die Logik der Unendlichkeit.* Hg. von Erich Hörl, übersetzt von Laura Strack. Wien: Turia+Kant, S. 7–37).

42 Stiegler: *Qu'appelle-t-on panser?*, S. 51.
43 Ich habe diese Zeit-Form unter dem Titel der »Zeit-Form der Environmentalität« ausgearbeitet. Vgl. Hörl, Erich (2021): »Critique of Environmentality: On the World-Wide Axiomatics of Environmentalitarian Time«. Übersetzt von Nils F. Schott. In: Hörl, Erich/ Pinkrah, Nelly/ Warnsholdt, Lotte (Hgg.): *Critique and the Digital.* Zürich: Diaphanes, S. 109–144.
44 Stiegler: *Qu'appelle-t-on panser?*, S. 143.
45 Stiegler: *Dans la Disruption*, S. 39.
46 Stiegler: *Qu'appelle-t-on panser?*, S. 57.

ersten Band von *La technique et le temps* auf dem Weg ist, aber erst jetzt auf ihre Zielgerade kommt. Die verallgemeinerte Denoetisierung und totale Proletarisierung, die den Prozess der doppelten epochalen Verdoppelung unterminieren, münden in die »Nicht-Individuation, die das Abwesen von Epoche ist«.[47] ›Abwesen von Epoche‹ ist also der Name für die Verwüstung in der absoluten Disruption, die den technologischen Nihilismus des Seins-in-der-Disruption vollendet. Wir leben in der unmöglichen Epoche des Abwesens von Epoche, im Epochenfehl, in dem kein Konsistieren mehr gelingt, das eine Epoche bilden und in dem das »Wir« einer Epoche erscheinen könnte. Ist das die allgemeine Form unseres Heute, auf deren Bestimmung jedwedes Denken, das den Namen verdient, nach Stiegler zielen muss?

Eben diese Bestimmung wirft ein neues Licht auf die Problematik der Sorge, ja macht sie überhaupt zum vielleicht zentralen ›Epochenthema‹, wenn man das noch so sagen kann, das deutete sich schon oben im Zusammenhang mit Stieglers Neudenken der Frage bzw. des Fraglosen an: »Ein solches Abwesen von Epoche ist mehr denn jemals *zuvor vom Problem und der Frage* der Sorge betroffen.«[48] Die Frage der Sorge erweist sich bei Stiegler als *die* Frage des Epochenlosen schlechthin, die uns heute zustößt, und genau darin als *unsere* Frage – auch wenn dieses ›Wir‹, um dessen Problem und Frage es sich handelt, bereits seinerseits genau als Effekt der allgemeinen Sorglosigkeit mehr und mehr im Abwesen begriffen ist. Das Problem der Sorge tritt als solches in der Disruption mit aller Macht hervor und wird als *Frage* in direkter Verknüpfung mit der Technikfrage erkennbar, ja erweist sich sogar als deren Kerngehalt. Dabei ist die Sorgestruktur selbst immer schon in die Grundstruktur der doppelten epochalen Verdoppelung eingefaltet: In ihrer Zeitlichkeit, die Gewesenheit, Zukunft und Gegenwart auf eigentümliche Weise miteinander verspannt, entspringt sie genau der fundamentalen Infragestellung durch die Technik. Sorge ist als Sorge-Tragen um die *pharmaka* der Technik stets Sorge um die *différance*, wie es sich nun aber im möglichen Übergang in »an age of indifférance«[49] als unsere zentrale Herausforderung – und Aufgabe eines sorg-samen Denkens – herausstellt.[50]

---

47    Stiegler: *Qu'appelle-t-on panser?*, S. 58.

48    Stiegler: *Qu'appelle-t-on panser?*, S. 128.

49    Stiegler: »What is Called Caring?«, S. 268.

50    Die zeitliche Bestimmung der Sorgenstruktur als »Sich-vorweg-schon-sein-in-(der-Welt-)als-Sein-bei (innerweltlich begegnendem Seienden)« wird bei Heidegger in den §§41 u. 65 von *Sein und Zeit* formuliert. Ich kann an dieser Stelle dem Sorgeproblem nicht mehr im Detail folgen. Aber – das ist der springende Punkt – Stiegler fokussiert seine späte Heideggerlektüre zunehmend auf das Problem der Sorge, problematisiert immer wieder, dass Derridas Heidegger-Lektüren genau diese Aufmerksamkeit für das Sorgeproblem fehlt. Von hier aus wäre auch der problematische Ort der Dekonstruktion in der Disruption zu markieren: sammelt sie vielleicht am Ende, gerade durch das Vergessen der Sorge, nur »die *Defabrikation* vorheriger noetischer Kreisläufe durch die *disruptiven Fabrikationen* des Kapitalismus« auf? Vgl. Stiegler: *Qu'appelle-t-on panser?*, S. 150.

Es ist dieses Epochen-, Zeit- und Sorglose der Disruption, das Stiegler schließlich als letztes Stadium nicht des Anthropozän, sondern des Entropozän tituliert:

> Das Anthropozän ist also das, was man übereingekommen ist als eine Liquidation von Lokalitäten und als allgemeine und planetarische Steigerung der thermodynamischen Entropie als Steigerung der Dissipation von Energie, der biologischen Entropie als Steigerung der Zerstörung von Biodiversität und der informationellen Entropie als Zerstörung von Noodiversität zu charakterisieren. / Auf diese Weise bestimmt, kann das Anthropozän genauso gut als Entropozän bezeichnet werden.[51]

Insbesondere durch den Noodiversitätsverlust und die allgemeine Denoetisierung in der digitalen Disruption, die nach Stiegler eine strukturelle Sorglosigkeit ins Werk setzt, steht unsere Verantwortlichkeit – im Sinne der doppelten epochalen Verdoppelung verstanden als »our ability to respond to the challenge of being put into question«[52] – insgesamt auf dem Spiel, damit die Fähigkeit, Werden in Zukunft, Entropie in Negentropie zu transformieren. Umgekehrt gilt die Suche nach der »Möglichkeit eines neuen Typus von doppelter epochaler Verdoppelung in der Abwesenheit von Epoche«[53] – Stiegler nennt es die »neganthropologische différance«[54] – als die zentrale Herausforderung des Entropozäns. Es geht um unwahrscheinliche Antworten auf die Disruption, die eine neue große Transformation heraufführen – genau dies ist unsere mögliche sinngeschichtliche Position eines trans-formativen Sinns – und uns dabei in eine »neue Epoche« eintreten lassen, die »curative, care-ful epoch«[55] des Neganthropozäns.

Stieglers allgemeine Organologie – mit ihren drei miteinander verschränkten Perspektiven der psychischen, technischen und kollektiven Individuation – stellt einen Versuch dar, im entropozänen Abwesen von Epoche dennoch und trotz allem zu denken und dabei, darauf kommt es an, den totalen Nihilismus der Disruption umzuwerten.[56] Sie ist genau darin der Kristallisationspunkt einer neuen Politik. Das Denken der Suspension, das in der Auslegung des Entropozäns ohne Zweifel auf seinen diagnostischen Höhepunkt gerät, mündet in eine breit angelegte Politik der *épokhè*. In der Un-Zeit des absoluten Nicht-Wissens, als die Stieglers Version einer Technophäno-

---

51 Stiegler: *Qu'appelle-t-on panser?*, S. 77; Vgl. auch S. 149–159.
52 Stiegler: »The Anthropocene and Neganthropology«, S. 36. Auf die In-Frage-Stellung durch die Technologie antworten zu können ist im Kern das Vermögen der doppelten epochalen Verdoppelung.
53 Stiegler: *Qu'appelle-t-on panser?*, S. 155.
54 Stiegler: *Qu'appelle-t-on panser?*, S. 158.
55 Stiegler: »The Anthropocene and Neganthropology«, S. 45.
56 Vgl. Stiegler: »What is Called Caring?«, S. 206–9. Zum Begriff der »general organology« vgl. z.B. Stiegler: »The Anthropocene and Neganthropology«, S. 43–45.

menologie des Geistes unsere Zeit des komputationalen Gestells nach dem Ende der Geschichte zeichnet, wird die Politik zuallererst zum Geheiß des Denkens selber: denn denken [*penser*] heißt heilen [*panser*]. Denken, das in der digitalen Disruption wie nie zuvor Sorge zu tragen hat um die verantwortliche Wiederherstellung epochaler (noetischer) Formen, die Leben auf der Höhe der technologischen Bedingung ermöglichen, dieses Denken, das damit nur die seit jeher bestehende, aber verstellte Aufgabe des Denkens übernimmt, heißt Heilen. Dies verdichtet sich im Begriff des sorg-samen Denkens.[57] Stiegler wendet sich spät, in *Qu'appelle-t-on panser*, noch einmal Heidegger zu und zwar genau jenem Heidegger, der in seiner Freiburger Vorlesung *Was heißt Denken?* (1951–52) mit eben dem Epochenwechsel, von dem Blanchot schreibt, ringt. Schon Heideggers Neustellen der Frage, was Denken heißt, mag als Versuch einer Antwort auf die techno-logische Disruption gelesen werden, die damals unter dem Namen der Kybernetik mindestens in Anbahnung begriffen war und de facto das Sein in der Disruption einläutete.[58] Stieglers Relektüre – die im Übrigen auch an die große Übersetzung von Heideggers Vorlesung durch Gérard Granel anschließt – erscheint zu Beginn des 21. Jahrhunderts, da das Gestell als komputationales Gestell in seinen Zenit getreten ist, als nachgerade zwingend. Dass denken heilen heißt – eben dies markiert den Kern dieser programmatischen Wiederaufnahme der bei Heidegger nach Stiegler nicht weit genug gehenden Durcharbeitung der Aufgabe des Denkens.[59]

Im Grunde kreuzen sich hier aber streng genommen sogar zwei Wiederholungen. Denn das »a«, das in Stieglers Neuauslegung von »penser« als »panser« so auffällig an die Stelle des »e« tritt und in eben dieser Bewegung einen geschichtlichen Wendepunkt anzeigt, in dem die Frage des Denkens als Heilen und die Problematik des Epochenlosen so radikal hervortreten, wiederholt auf eigentümliche Weise die Operation Derridas. Dieser hat bekanntlich das »e« der »différence« durch ein »a« ersetzt, um damit die »différance« zu markieren, die eben nicht allein Differenz meint, sondern den Prozess des Differierens, der zugleich differiert und aufschiebt, nie abschließend

---

57  Verena Andermatt Conley hat eine insbesondere immanenzphilosophische, Menschen und Nicht-Menschen gleichermaßen betreffende Neuauslegung des Sorgeproblems rund um die Frage des Möglichen und neuer Wege des Werdens beobachtet. (Vgl. Conley, Verena A. (2016): »The Care of the Possible. In: *Cultural Politics*, 12/4, S. 339–354). Stiegler wäre nicht nur in diese Erneuerungsoperation mit einzutragen, sondern er formuliert womöglich sogar deren geschichtliche Gründe und erkennt deren Epochalität.

58  Vgl. Hörl, Erich (2004): »Parmenideische Variationen. McCulloch, Heidegger und das kybernetische Ende der Philosophie«. In: Pias, Claus (Hg.): *Cybernetics – Kybernetik. The Macy-Conferences 1946–1953. Essays & Dokumente*. Zürich-Berlin: Diaphanes, S. 209–225.

59  Stieglers Ersetzung des ›e‹ durch ein ›a‹ wiederholt dabei Heideggers zentrale Operation aus der Vorlesung *Was heißt Denken?*, die die nämliche Ersetzung vollzieht: hier wird, freilich auf etymologischer Grundlage, ›Denken‹ als ein ›Danken‹ – »der höchste Dank« – ausgelegt. Vgl. Heidegger, Martin (2002): *Was heißt Denken? Gesamtausgabe Band 8*. Frankfurt/Main: Klostermann. (Ich danke Lars Koch für den Hinweis).

stabilisiert werden kann und genau darin verzeitlicht und verräumlicht, die Schrift des Lebens selbst darstellt. Nun dreht sich schon bei Derrida die ganze Operation letztlich darum, *unsere* Epoche zu denken, die er selbst, zu Beginn der *Grammatologie* (1967), in eine Bewegung der Technologie einschreibt und mit dem Erscheinen der Kybernetik und der Implementierung einer neuen, nämlich mathematischen Schrift und von daher mit einer weitreichenden »Mutation in der Geschichte der Schrift, in der Geschichte als Schrift«,[60] in Verbindung bringt: »Ich würde zunächst sagen, dass die *différance*, die weder ein Wort noch ein Begriff ist, mir strategisch am besten geeignet schien, das Irreduzibelste unserer ›Epoche‹ zu denken [...].«[61] Wohlgemerkt eine Epoche, die man schon nach Derrida »nicht einmal mehr ›Epoche‹«[62] im strengen Sinn wird nennen können, was dann von Stiegler schließlich als Epoche des Abwesens von Epoche bzw. des Epochenfehls präzisiert und auf seine pharmakologische Bedingung gebracht wird – und darin, in diesem Abwesen und Fehlen, einen neuen Sinn des Denkens hervorkommen lässt: denken als heilen. Im Übergang von einem Denken der *différance* zum Denken als *panser*, das Sorge für (die) *différance* trägt und *différance* macht, wird das Sorgeproblem als solches in den Vordergrund gerückt und schreibt sich Dekonstruktion noch einmal stärker in ihre Zeit ein – die Zeit der Disruption, die den fundamentalen Zusammenhang von Technik und Sorge stärker als jemals zuvor offenbart. Und umgekehrt muss die Konturierung eines sorgenden Denkens, wie Stiegler es unternommen hat, als ein, vielleicht als das Erbe der Dekonstruktion gelten.

## 4. Schluss: das Melancholiforme im Ende geschichtlicher Zeiten

Sollte man dieses epochale Denken – Denken des Epochenwechsels, der uns gerade in ein schwarzes Loch des Epochenlosen und der Nicht-Epoche zu stürzen droht – fliehen, wie es unentwegt geschieht, anstatt sich ihm immer wieder neu auszusetzen, in immer neuen – vielleicht: heilsamen? – Lektüren, die uns womöglich zu einem Antworten und Verantworten bringen?

Stiegler litt ohne Zweifel seinerseits unter einer »geblendeten Klarsicht«, die sein Denken der Suspension auszeichnet. Sie hat ihm zugesetzt. Zwar hat die unablässige Ausarbeitung seiner Diagnostik des automatischen Nihilismus in der Disruption – von der ökonomisch-technologischen Disruption, den alle bisherigen Strukturen unterbrechenden Innovationen her gedacht als die in der digitalen Transformation statt-

---

60  Derrida, Jacques (1974): *Grammatologie*. Übersetzt von Hans-Jörg Rheinberger und Hanns Zischler. Frankfurt/Main: Suhrkamp, S. 20.

61  Ders. (1988): »Die différance«. Übersetzt von Eva Pfaffenberger-Brückner. In: ders.: *Randgänge der Philosophie*. Wien: Passagen, S. 29–52, hier S. 33.

62  Derrida: »Die différance«, S. 47.

findende Unterwerfung der Gesellschaft unter Modelle, die ihre Strukturen zerstören und in die totale Desindividuation führen –, sein Denken wie nichts sonst vorangetrieben und dessen eigentümlichen Sound geprägt. Er hat aber auch bemerkt, dass genau diese Diagnostik, die stellenweise in einen hypernihilistischen Ton verfällt, eine gewisse Zumutung an seine Zeitgenossen darstellt und ihrerseits deren Verleugnung und Bestreitung anheimfällt. So spricht Stiegler jedenfalls davon, dass wir uns im zweiten Jahrzehnt des 21. Jahrhunderts

> im permanenten und universellen Ausnahmezustand dessen befinden, was uns unlebbar zu werden geweiht zu sein scheint. Wir alle empfinden diese *Sachlage* durchaus. Aber die meiste Zeit leugnen wir sie, und zwar weil sie *unerträglich* ist – die meiste Zeit, *außer wenn wir nicht mehr anders können*, als ihre *unmittelbaren, katastrophalen und massiven* Auswirkungen in der Alltäglichkeit unserer Existenzen festzustellen. Dann ergreift uns Betroffenheit. Nennen wir diese Momente geblendeter Klarsicht – in denen Bestreitung und Leugnung uns umso stärker beherrschen, als sie *unmöglich* werden und auf diese Weise immense melancholiforme Leiden auslösen, die der Autor gut kennt – *negative Unterbrechungen*. Wie kann man es *machen*, damit – konfrontiert wie wir alle mit dieser mehr oder weniger hysterischen, melancholischen, zyklothymen, ›bipolaren‹ [...] *unterbrechenden Negativität* sind –, wie kann man es machen, damit sich diese hellsichtig blinden Momente durch die heilenden Wirkungen einer Praxis der *immer mehr als menschlichen*, wenn nicht sogar ›übermenschlichen‹ Quasi-Kausalität in Momente *positiver Unterbrechung* umwenden [...]?[63]

Ein seltsames, ein letztes »Wir« scheint hier auf, das sich in Momenten negativer Unterbrechung noch einmal einzustellen scheint, in der absoluten Gefahr des Zerfalls und schon melancholiform. Wieder das Problem der Umwendung. Bei Stiegler, das möchte ich noch ein letztes Mal festhalten, geht es stets um Umwendung. Dies ist die Kernbewegung des Sinns, wie sie seine Technophänomenologie des Sinns herausarbeitet, den ich deshalb als trans-formativen Sinn kennzeichnen möchte. Wenn Sinn nach Stiegler immer einen transformativen Moment kennt, er in der Antwort auf Unterbrechungen, die ihn bestreiten, als deren programmatische Umwendung ersteht und diese Umwendungsbewegung stets Sinn gibt, so wird der Sinn als trans-formativer Sinn erst in der Disruption, die diesen transformativen Moment vollends zu zerstören und in das schlechthin Sinnlose zu kippen droht, in aller Radikalität herausgestellt. Das zentrale Vorhaben, denken [*penser*] als heilen [*panser*] zu begreifen und dergestalt das Sorgeproblem pharmakologisch neu zu entfalten in Richtung einer Neubestimmung des Denkens als *therapeia*, das Stiegler im Anschluss an Derrida, Nietzsche, Heidegger,

---

63 Stiegler: *Qu'appelle-t-on panser?*, S. 163f.

Canguilhem und Guattari unbeirrbar über die Jahre vorantreibt, gehört zur Ausarbeitung eines trans-formativen Sinns. All dies ist auch vor dem Hintergrund eines melancholiformen Leidens an den unhaltbaren Zuständen in der absoluten Gefahr des Entropozäns zu begreifen. Und vergessen wir nicht: Adorno, an dessen Diagnostik Stiegler ebenfalls früh anzuschließen beginnt und den er sich, als Vordenker der kommenden Barbarei, die bei ihm selbst als Abwesenheit von Epoche firmiert, immer wieder vornimmt, Adorno hat das Leid bzw. das Leiden explizit als kritischen Affekt stark gemacht. Das Leiden geht bei Adorno dem Denken voraus. Es ist das Produkt einer falschen Gesellschaft und ungerechter Zustände. In der *Negativen Dialektik* heißt es: »Worin der Gedanke hinaus ist über das, woran er widerstehend sich bindet, ist seine Freiheit. Sie folgt dem Ausdrucksdrang des Subjekts. Das Bedürfnis, Leiden beredt werden zu lassen, ist Bedingung aller Wahrheit. Denn Leiden ist Objektivität, die auf dem Subjekt lastet; was es als sein Subjektivstes erfährt, sein Ausdruck, ist objektiv vermittelt.«[64] In gewisser Weise hat Stieglers Denken das Leiden in der Disruption beredt werden lassen, in einen regelrechten Begriffsstrom zu seiner heilenden Auslegung verwandelt – auch wenn am Ende zumindest für ihn persönlich das Melancholiforme über das Therapeutisch-heilend-Sorgende des Denkens die Oberhand gewonnen haben könnte. Die Überschrift, unter der der erste Teil von *Dans la disruption* steht, lautet: »Die *épokhè* meines Lebens. Philosophieren, um nicht verrückt zu werden.« Wenig später erscheint »die zeitgenössische Melancholie«,[65] die wie ein Emblem über der Un-Zeit der Disruption steht: Sie verweist auf ein Sich-Ergeben in die Vergeblichkeit, in der Disruption Sorge für die Welt tragen zu können, weil in der Barbarei des Epochen- und Weltlosen die Disruption immer schon jeder sorgenden Transformation zuvorkäme, mithin die Epochen der Sorge ans Ende gekommen wären, keine Zeit der Transformation bliebe, also keine Zeit mehr gegeben werden könnte. Nur ein sorgendes Denken, das sich dem Melancholiformen der Disruption entzieht, vermag es, wenn überhaupt, das Epochen- und Weltlose noch einmal umzuwenden. Die große Frage lautet für mich, in welchem Maße dieses sorgende Denken die Kraft zur Reterritorialisierung aufbringen muss, gegen die heillosen Deterritorialisierungen der Disruption, aber auch gegen die Reterritorialisierungen des Ressentiments, die die allgemeine Sorglosigkeit nur noch einmal verstärken.

---

64 Adorno, Theodor W. (1975): *Negative Dialektik. Gesammelte Schriften Band 6.* Frankfurt/Main: Suhrkamp, S. 29.

65 Stiegler: *Dans la disruption*, S. 44. Und vergessen wir nicht: Die »zeitgenössische Melancholie«, wie sie hier am Ende eines Werkes erscheint, antwortet letztlich auf »die ewige Melancholie des *genos anthropos*«, die bereits in *Der Fehler des Epimetheus* festgestellt worden war. Vgl. Stiegler: *Technik und Zeit*, S. 249.

*Literaturverzeichnis*

Adorno, Theodor W. (1975): *Negative Dialektik.* Frankfurt/Main: Suhrkamp. (= Gesammelte Schriften; Bd. 6).

Badiou, Alain (2018): *Der zeitgenössische Nihilismus. Bilder der Gegenwart I.* Wien: Passagen.

Blanchot, Maurice (2010): »Unterbrechung«. Übersetzt von Marcus Coelen. In: Ders.: *Das Neutrale. Philosophische Schriften und Fragmente.* Zürich und Berlin: Diaphanes, S. 171–177.

Blanchot, Maurice (1991): »Über einen Epochenwechsel: die Forderung der Rückkehr«. In: Ders. (Hg.): *Das Unzerstörbare. Ein unendliches Gespräch über Sprache, Literatur und Existenz.* Übersetzt von Hans-Joachim Metzger/ Bernd Wilczek. München: Hanser, S. 134–145.

Blanchot, Maurice (1969): »Sur un changement d'époque: l'exigence du retour«. In: *L'Entretien infini.* Paris: Gallimard, S. 394–418.

Conley, Verena A. (2016): »The Care of the Possible«. In: *Cultural Politics,* 12/4, S. 339–354.

Derrida, Jacques (1998): *Vom Geist. Heidegger und die Frage.* Übersetzt von Alexander García Düttmann. Frankfurt/Main: Suhrkamp.

Derrida, Jacques (1988): »Die différance«. Übersetzt von Eva Pfaffenberger-Brückner. In: *Randgänge der Philosophie.* Wien: Passagen, S. 29–52.

Derrida, Jacques (1974): *Grammatologie.* Übersetzt von Hans-Jörg Rheinberger und Hanns Zischler. Frankfurt/Main: Suhrkamp.

Heidegger, Martin (2002): *Was heißt Denken?.* Frankfurt/Main: Klostermann. (= Gesamtausgabe; Bd. 8).

Hill, Leslie (2012): *Maurice Blanchot and Fragmentary Writing. A Change of Epoch.* London/ New York: Continuum.

Hörl, Erich (2023): »The Break In and With History: Nancy's Thinking of History in Light of the Disruptive Condition«. Übersetzt von Nils F. Schott. In: Lindberg, Susanna / Magun, Artemy / Tatari, Marita (Hgg.): *Thinking With – Jean-Luc Nancy.* Zürich: Diaphanes, S. 185–199.

Hörl, Erich (2021): »Critique of Environmentality: On the World-Wide Axiomatics of Environmentalitarian Time«. Übersetzt von Nils F. Schott. In: Hörl, Erich/ Pinkrah, Nelly/ Warnsholdt, Lotte (Hgg.): *Critique and the Digital.* Zürich: Diaphanes, S. 109–144.

Hörl, Erich (2020): »Die Problematik Granels«. In: Granel, Gérard: *Die totale Produktion. Technik, Kapital und die Logik der Unendlichkeit.* Herausgegeben von Erich Hörl. Übersetzt von Laura Strack. Wien: Turia+Kant, S. 7–37.

Hörl, Erich (2004): »Parmenideische Variationen. McCulloch, Heidegger und das kybernetische Ende der Philosophie«. In: Claus Pias (Hg.): Cybernetics – Kybernetik. The Macy-Conferences 1946–1953. Essays & Dokumente. Zürich und Berlin: Diaphanes, S. 209–225.

Hossenfelder, Malte (1985). »Einleitung«. In: Empiricus, Sextus: *Grundriß der pyrrhonischen Skepsis.* Frankfurt/Main: Suhrkamp, S. 9–88.

Husserl, Edmund (1992): *Ideen zu einer reinen Phänomenologie.* Hamburg: Felix Meiner Verlag. (= Gesammelte Schriften; Bd. 5).

Ross, Daniel (2018): »Introduction«. In: Stiegler, Bernard: *The Neganthropocene.* Übersetzt von Daniel Ross. London: Open Humanities Press, S. 7–32.

Stiegler, Bernard (2019): *The Age of Disruption. Technology and Madness in Computational Capitalism.* Übersetzt von Daniel Ross. Cambridge: Polity.

Stiegler, Bernard (2018): »The Anthropocene and Neganthropology«. In: Stiegler: *The Neganthropocene*. London: Open Humanities Press, S. 24–50.

Stiegler, Bernard (2018): »What is Called Caring?«. In: Ders.: *The Neganthropocene*. Übersetzt von Daniel Ross. London: Open Humanities Press, S. 188–270.

Stiegler, Bernard (2018): *Qu'appelle-t-on Panser? Au-delà de l'Entropocène. 1. L'immense régression*. Paris: Éditions Les Liens Qui Libèrent.

Stiegler, Bernard (2016): *Dans la disruption. Comment ne pas devenir fou?* Paris: Éditions Les Liens qui Libèrent

Stiegler, Bernard (2014 [1986]): »Programs of the improbable, short circuits of the unheard-of«. In: *Diacritics*, 42/1, S. 70–109.

Stiegler, Bernard (2013): *What Makes Life Worth Living*. Übersetzt von Daniel Ross. Cambridge, UK: Polity.

Stiegler, Bernard (2011): »Allgemeine Organologie und positive Pharmakologie«. Übersetzt von Ksymena Wojtyczka. In: Hörl, Erich (Hg.): *Die technologische Bedingung. Beiträge zur Beschreibung der technischen Welt*. Berlin: Suhrkamp, S. 110–146.

Stiegler, Bernard (2009): »Derrida und die Technologie«. In: Ders.: *Denken bis an die Grenzen der Maschine*. Hg. v. Erich Hörl, übersetzt von Ksymena Wojtyczka. Zürich/Berlin: Diaphanes.

Stiegler, Bernard (2009): *Technik und Zeit. Der Fehler des Epimetheus*. Übersetzt von Gabriele Ricke und Ronald Voullié. Zürich/Berlin: Diaphanes.

Stiegler, Bernard (2007): *Zum Akt*. Übersetzt von Elisa Barth und Alexandre Plank. Berlin: Merve.

Stiegler, Bernard (2001): *La technique et le temps. Vol. 3: Le temps du cinéma et la question du mal-être*. Paris: Galilée.

Stiegler, Bernard (1996): *La technique et le temps. Vol. 2: La désorientation*. Paris: Galilée.

Stiegler, Bernard (1994): *La technique et le temps. Vol. 1: La faute d'Epiméthée*. Paris: Galilée.

*Nicht veröffentlichte Quellen*

Stiegler, Bernard: Technics and Time 4. Faculties and Functions of Noesis. Übersetzt von Daniel Ross.

*Jonas Nesselhauf*

# She Said

## The »#MeToo« discourse, its narratives and fictional transformations, 2017–2021

ABSTRACT: As every other discourse, the global »#MeToo« movement is centered around specific narratives and counter-narratives: With the »Weinstein effect« soon reaching beyond Hollywood, the hashtag has raised widespread awareness for the ubiquity of everyday sexism in patriarchal societies over the past four years—but the digital activism was also countered by anti-feminist backlash. At the same time, early European and North American novels and films have now also taken up the subject and developed their very own narratives: Within the fictional space, for example, the narrative focus gives voice to female experiences, the stories reflect the potential of female empowerment, can play with metafictionality or critically depict the ›other side‹.

KEYWORDS: MeToo, feminism, activism, rape culture, narratives, literature, film, performance

It has now been about four years since a global movement under different names emerged and constituted a historic turning point: Using hashtags such as »Me Too«, »Time's Up«, or »Balance ton porc« countless women have identified themselves in the autumn of 2017 as being personally affected by sexual violence.

What originally started as a celebrity sex scandal with accusations against Hollywood producer Harvey Weinstein has not only led to the arrests and convictions of many public figures in the months and years to come, but has also caused wider and, frankly, more basic discussions concerning everyday sexism as well as physical and sexual violence against women, concerning gender roles and relations, and concerning diversity and equality.

Also, both mass protests as well as single women speaking out on social media have shed light on failing justice systems which not adequately address rapes and femicides, when cases are dropped by police and district attorneys (DAs), and traumatized victims are blamed for the sexual assault.

Besides North America and Europe, the movement has also become a watershed moment for many patriarchal societies in which assault and harassment have become a part of everyday life, including India and South Africa—and even in Russia or China, the outcry of women has made waves.

And while the impact of the »#MeToo« movement is still present to this day, the last four years also saw many innovative approaches in literature and film. Here, within the fictional space, the various narratives and counter-narratives of the »#MeToo« discourse are discussed, played through and weighed against each other. Due to their graphic nature, novels, stories or films can thus make both crucial problems as well as implicitly suggested solutions more comprehensible to a broad audience—and can as an inter-discourse, in turn, have an effect back into society.


## 1. Call-out-culture

Although multiple incidents of sexual harassment and physical abuse due to power imbalances have been made public over the last decades—and some cases actually led to criminal investigations and/or convictions of public figures—, prior to 2017 there was no social movement with such a global and media influence as the new type of anti-sexual violence activism known as »#MeToo«. Instead, problematic behavior by powerful men was either belittled as ›gallantry‹ or dismissed as a political smear campaign, for instance with Anita Hill's 1991 allegations of sexual harassment against federal judge Clarence Thomas or with the 1998 political scandal involving US president Bill Clinton and White House intern Monica Lewinsky (sometimes even downplayed as an ›affair‹). In Clinton's case, for instance, his blatant lie—»I did not have sexual relations with that woman«—quickly became a standard saying in the US,[1] thereby further trivializing the actual incident. When a few years later Dominique Strauss-Kahn, the managing director of the International Monetary Fund and a potential candidate for the upcoming French presidential election, was arrested in New York City and charged with the sexual assault and attempted rape of a hotel maid in May 2011, many colleagues supported him immediately, thus ranking the legal principle of the presumption of innocence higher than the accusations of a possible victim.[2] Being

---

[1]   Thus, for instance Nathan Zuckerman, the social observer and chronicler of Philip Roth's novel *The Human Stain* (2000), describes the early 2000s, the years »when terrorism—which had replaced communism as the prevailing threat to the country's security—was succeeded by cocksucking« (Roth 2016: 2), as an era marked by an »ecstasy of sanctimony«. Similarly, Chip Lambert, the protagonist of Jonathan Franzen's critically acclaimed novel *The Corrections* (2001), quotes the infamous sentence when he himself is terminated as a college professor following an inappropriate sexual relationship with the student Melissa (Franzen 2017: 90).

[2]   In the main evening news edition of the German *Tagesschau*, Strauss-Kahn was characterized as »ein starker IWF-Kapitän mit einer bekannten Schwäche für die Damenwelt« (*Tagesschau*, 15 May 2011, 01:47 min.). And even Ségolène Royal, a minister of family and children under President Jacques Chirac from 2000–2002 and a promising Socialist Party candidate for the 2012 election herself, said in a first statement: »Ma pensée en cet instant va à sa famille, à ses proches et aussi à l'homme qui traverse cette épreuve.« (qtd. in Liberation) In her later memoirs, however, she harshly criticizes the French political sphere as a hostile environment for women: »Les femmes sont depuis longtemps considérées comme des intruses en politique.« (Royal 2018: 23).

public figures, the perpetrators very often had to fear no serious consequences, and the accusations quickly became a ›he said, she said‹ case, in which the less powerful woman almost automatically is discredited or victim blamed—especially if she has waited weeks, months or even years until confiding in another person or reporting the incident to the police.

The turning point can be dated exactly to 6 October 2017, when a first *New York Times* story by Jodi Kantor and Megan Twohey of Weinstein's alleged harassment and abuse broke (Kantor/Twohey 2017); a few days later, Ronan Farrow's article »From Aggressive Overtures to Sexual Assault« was published by the *New Yorker* (Farrow 2017a; 2017b). The ›pattern‹ of Weinstein and others was exposed: Powerful men in showbusiness harass and assault young women looking for a future career—mainly promising actresses or eager assistants (Kantor/Twohey 2019, p. 73)—, while their wrongdoing is systematically covered up by the networks and companies behind them, and the victims are forced to sign nondisclosure agreements (NDAs) in exchange for a payout (Farrow 2019, p. 375f.). As further allegations surfaced and more victims, including famous Hollywood actresses, came forward over the next days, Weinstein was fired from his production company and expelled from the Motion Picture Academy. Using the Twitter hashtag »#NoShameFist«, actress Asia Argento posted a list of more than 100 women who have accused Weinstein of sexual harassment, physical assault or rape with incidents dating back to the early 1980s.[3]

The »Weinstein effect« (Guynn/della Cava 2017), as it was soon called, »was a solvent for secrecy, pushing women all over the world to speak up against similar experiences. The name ›Harvey Weinstein‹ came to mean an argument for addressing misconduct, [...] an emerging consensus that speaking up about sexual harassment and abuse was admirable, not shameful or disloyal« (Kantor/Twohey 2019, p. 181). A global movement gained momentum and held famous and powerful men responsible for their predatory behavior, including public figures such as comedian Bill Cosby (convicted in 2018) and television executive Les Moonves (resigned in 2018), senator Al Franken (resigned in 2018) and New York governor Andrew Cuomo (resigned in 2021). In some cases, consequences were long overdue—when, for example, the first allegations against photographer Terry Richardson or singer R. Kelly dated back many years and even decades; other cases reached far beyond the actual subject, for instance with multiple members of the prestigious »Svenska Akademien« resigning over accusations against Jean-Claude Arnault, eventually leading to the postponement of the 2018 Nobel Prize in Literature. Additionally, some revelations also shed light on sexual violence against men, with allegations against actor Kevin Spacey, starting in 2017, or against

---

3   The document (https://docs.google.com/spreadsheets/u/1/d/1Z95WVLLbh6M1U_Ch4vbfKuJ-tUmznu-ZgM9yHFBJl68I) was posted by Argento on 7 November 2017, but is meanwhile deleted.

Fig. 1: Alyssa Milano's 15 October 2017 tweet: »If you've been sexually harassed or assaulted write ›me too‹ as a reply to this tweet.«

countertenor David Daniels in 2019; and even one of the movement's leaders, Asia Argento, faced claims of sexually assaulting a minor in 2018 (»Ein Jahr danach«: 10).

After mainly famous women came forward and spoke out against powerful men in showbusiness, politics and the arts, the next step was the denouncement of power abuses in other industries, thereby ›opening‹ the discourse to ›ordinary‹ women all around the world. Besides the press coverage, social media in particular played a crucial role in sharing personal experiences and thus developing a movement—for instance when French journalist Sandra Muller tweeted on 13 October that »95% des femmes qui dénoncent des violences perdent leur emploi. La peur doit changer de camp. #balancetonporc. Pas de délation juste la vérité«.[4]

Two days later, actress Alyssa Milano used the slogan »me too«—a phrase already coined in 2006 by activist Tarana Burke with her MySpace page »to promote empathy and healing for victims of sexual violence« (Kantor/Twohey 2019: 185)—to raise awareness for the ubiquity of sexual assault. She posted: »If you've been sexually harassed or assaulted write ›me too‹ as a reply to this tweet«,[5] and within hours, countless women all over the world stood up and responded either with their own stories or with a simple ›me too‹.

---

4    Tweet from 13 October 2017, https://twitter.com/LettreAudio/status/918885763764408321 (last accessed: 31 October 2021).

5    So far, her post (https://twitter.com/Alyssa_Milano/status/919659438700670976) has more than 21k retweets and 48.5k likes (last accessed: 31 October 2021).

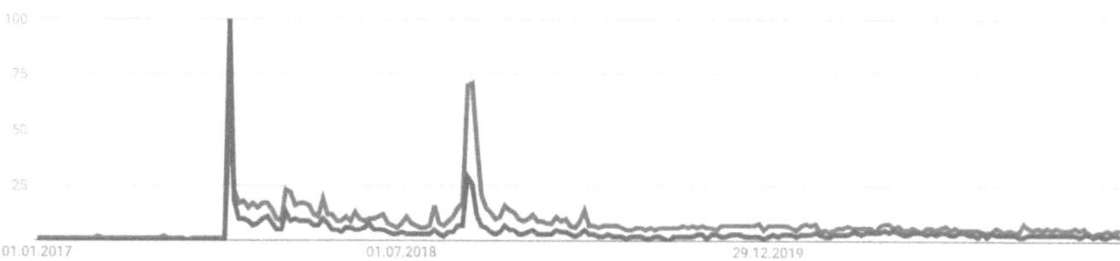

Fig. 2: »Google Trends« chart for the terms »#MeToo« (red line) and »MeToo« (blue line), worldwide between 2017 and 2020, https://trends.google.de/trends/explore? date=2017–01–01%202020–12–31&q=MeToo,%23MeToo (last accessed: 31 October 2021).

### 1.1 The power of a #hashtag

The global real time of the internet and the possibilities of social media platforms proved that sexual harassment neither has been limited to an obviously sexist film industry nor that it is an elite (white, heterosexual) phenomenon or only affects famous or rich women, actresses or politicians. Instead, it painfully shows that it is a general problem and basically concerns every woman who has ever faced groping or harassment in the workspace, who was catcalled or hustled in public places, or who was sexually abused or even raped: Data suggests that up to 85 percent of women in the US will experience sexual harassment at work during their careers (Lhamon et al. 2020: 1), with the perpetrators being predominantly male—findings that are supported by an analogous EU-wide survey (Kjaerum et al. 2015: 113).

And while European and North American studies—astonishingly or shockingly— tend to have similar results (Schröttle et al. 2019: 31–40), the women coming forward were not just a number in a statistic, but provided actual cases and individual, traumatizing stories: Within 24 hours after Milano's initial tweet, 4.7 million users from all around the world engaged in the »#MeToo« conversation, with over 12 million posts, comments, and reactions on Facebook alone. Besides the English »#MeToo«, the Spanish »#YoTambien« as well as the hashtags »#كمان_وأنا« and »#ايضا_وانا« in Arab countries were trending on Twitter (Khomami 2017). And on Google, search queries increased rapidly in the third week of October 2017, with another spike around the first anniversary of the Weinstein revelations (Fig. 2).

Soon, the hashtag took on a life of its own and quickly gained a mainstream popularity, when the issues raised by »#MeToo« exceeded the Weinstein case and instead questioned traditional notions of masculinity and male behavior in general: While about half of the tweets in the first two weeks were disclosures of sexual violence, in which (mainly female) Twitter users revealed information or shared personal experiences, the other half already included wider discussions of sexual violence and its impact on society (Gallagher et al. 2019: 8f.).

However, the attention was not without its drawbacks, since indeed »the power of the Weinstein moment came from the victims of abuse having space to name the abuser —and to have their words taken seriously« (Press 2017), but was mainly »popularized by the white and the wealthy« (Kindig 2018). Tarana Burke, for instance, feared that ›her‹ hashtag—introduced in 2006 to draw attention to the sexual assault of Women of Color—could end up getting ›whitewashed‹ (Adetiba 2017). Similarly, others demanded that the focus of Hollywood initiatives such as »Time's Up« should be on low-wage women and marginalized communities, who are especially exposed to sexual harassment and intersectional discrimination.

The digital activism also led to discussions about whether ›disgraced‹ artists and their works should be morally and artistically reconsidered: At first with a focus on directors, actors, comedians or artists such as Roman Polanski, Kevin Spacey, Louis C.K, or Chuck Close, this reassessment soon expanded to a proper canon critique that exposed sexist representations, such as paintings by Balthus or photographs by David Hamilton, and scrutinized problematic production situations, for instance filmic depictions of rape in Alejandro Jodorowsky's *El Topo* (1970) or Bernardo Bertolucci's *Ultimo tango a Parigi* (1972). As critically acclaimed as the performances were and actually may be, many argued that the films »have been shaped by those actions« and ultimately »affected the paths of other artists, determining which rise and which are harassed or shamed out of work« (Hess 2017).

### 1.2 »#MeToo« Counter-Narratives

But the »#MeToo« discourse also sparked a lot of (expectable) backlash among conservative and anti-feminist activists, and until today the movement sometimes still is rejected as a left-wing agenda, an ideological ›campaign‹ attacking free speech through ›political correctness‹. The narratives used to counter the movement included, among others, a reversal of the accusations by blaming the victims, a defense of male gallantry, and a general criticism of networked feminism.

### 1.2.1 Career Women

Interestingly, women breaking their silence and standing up in a collective protest against sexual violence was not always regarded as both an empowerment for the individual as well as a necessary step forward in overcoming patriarchal structures.

Instead, some people argued that »#MeToo« as a belated retaliation would rather create an image of women characterized by negativity and passivity (Flaßpöhler 2018: 16). Others engaged in a questionable victim-blaming, belittling the Hollywood actresses coming forward, since supposedly ›everyone knows the rules of the casting couch‹ (Kantor/Twohey 2019: 73).

Accordingly, the strategy of Weinstein's defense lawyer Donna Rotunno was not a surprise, making the long-awaited trial of the Hollywood mogul a proper »battle of tropes: the casting couch versus the woman sleeping her way to the top« (Nicolaou 2020: 1): Besides challenging the testimonies of the alleged victims, Rotunno tried to portray the encounters as consensual relationships and emphasized that it was in fact *the women* approaching Weinstein, because *they* wanted something from the film producer (Nicolaou 2020: 2). This argument follows a ›classic‹ pattern, when women coming forward and even testifying publicly under oath—such as Anita Hill in 1991 or Christine Blasey Ford in 2018—are regularly deemed ›not credible‹, because they did not initially report their assault or (in the case of Hill) later even took a second job from their perpetrator (Kantor/Twohey 2019: 190f.). Similarly, for instance, the lawyers representing David Daniels stated in their first comment that the alleged victim »waited eight years to complain about adult, consensual sex« (qtd. in Cooper 2019: C3), thus disregarding that victims of sexual harassment might feel embarrassed or ashamed, might even blame themselves for the incident, or were in fear of workplace retaliations for speaking up (Press 2017).

In other cases, the naïveté of women who were, for instance, willing to join male colleagues or supervisors in their hotel rooms, was criticized, hence tracing back guilt and responsibility to the actual victim—instead of asking how women can be better protected from gender inequality and power imbalances (Cobb/Horeck 2018). After all, the discussion is far from being new: As early as around 1980—and hence, in retrospect, at a time when many of the assaults by Weinstein and others happened or started to happen—, political activist Angela Davis already remarked that »sexual assault is explosively emerging as one of the telling dysfunctions of present-day capitalist society« (Davis 1981: 172), and feminist Susan Brownmiller demanded a »gender-free, non-activity-specific law governing all manner of sexual assaults« (Brownmiller 1975: 378).

## 1.2.2 Rape Myths

Probably one of the most prominent »#MeToo« cases in Germany included accusations against the television and theater director Dieter Wedel, brought forward by several actresses in January 2018 by the *Zeit* newspaper (Simon/Wahba 2018a; 2018b). Although most of the alleged incidents are legally time-barred, his legal defense team—

which consists, among others, of a former federal judge at Germany's highest criminal court as well as a conservative politician—generally dismissed the accusations as »Lynch-Stimmung« and a »widerrechtliche[] Vorverurteilung« (qtd. in Backes/Hipp 2021: 44).

Arguments like these suggest that wrong assault charges might be filed deliberately in order to ›hunt down‹ powerful men, thus reproducing the misogynistic idea that »men are the victims of spiteful women« (Gordon 2018). And while such false statements happen very rarely—and a lot of cases are actually dismissed for want of evidence with very low reporting and conviction rates at all—,[6] their effects can be dreadful in both intensifying other victims' fears that their accusations will eventually not be believed and thereby publicly shaming an innocent person (Srinivasan 2021: 9f.).

Hence, the digital activism of »#MeToo« was indeed criticized for the rush to prejudgment on social media's so-called ›court of public opinion‹ (Sanyal 2019: 178): Instead of a proper trial and the guarantee of due process and a legal defense, the digital ›pillory‹ hardly differentiated between minor and major offences at all (Flaßpöhler 2018: 17f.).

But there was also an even grimmer pushback against the women coming forward when the sexual assault (of whatever degree) was not actually denied, but rather, conversely, blamed on the victims' behavior (initial flirting, intoxication, etc.) or even clothing:[7] This ›classic‹ narrative, established already long before »#MeToo« and used especially against women, argues to simply ›not wear those (too revealing) clothes‹— as for instance expressed in the title of Birgit Kelle's essay *Dann mach doch die Bluse zu* (2013), an anti-feminist backlash to the German »#Aufschrei«.[8]

---

6  Obviously, conviction rates of about 8 % in Germany or 7 % in the UK (Hohl/Stanko 2015) by far do not mean that the claims are untrue, but indicate instead that the alleged assault simply is not legally provable in a court of law with different perceptions of the incident and one person's word against another's (»he-said/she-said case«) or with not enough ›hard‹ evidence to support the claims.

7  The touring exhibition »What Were You Wearing?«, developed by the University of Kansas' »Sexual Assault Prevention and Education Center« and first shown at the University of Arkansas in 2014, displays individual stories of sexual assault victims next to the outfits they were wearing when it happened: »The art installation ›aims to shatter the myth that sexual violence is caused by a person's wardrobe‹, and includes t-shirts, exercise clothes, dresses, and cargo shorts« (D'Amore 2021: 95).

8  The hashtag »#Aufschrei« (›outcry‹)—the reaction to a journalist denouncing sexist comments made by a German politician (Himmelreich 2013)—was initiated by Anne Wizorek on 25 January 2013 to raise awareness for everyday sexism, but her post (https://twitter.com/marthadear/status/294586884540223488) only had a low reach on Twitter at that time (last accessed: 31 October 2021).

### 1.2.3 ›Boys will be boys‹

Gillette, the Boston based safety razors company, launched its 2019 advertising campaign right in time for the Super Bowl LIII, where television commercials with costs up to five million dollars for a 30-second spot promised a high and demographically widespread viewership. However, their short film »The Best Men Can Be«[9] almost immediately generated controversy and was highly criticized for both its ›purplewashing‹ and ›femvertising‹ (Hausbichler 2021: 39f.) as well as for reproducing stereotypes of toxic masculinity—particularly since one of the recurring narratives in the »#MeToo« debate was insisting that predatory behavior does not reflect ›all men‹.

Additionally, this feminist criticism was countered by the (weak) excuse of male behavior towards women being a simple ›playfulness‹ of boys, especially when the accusations dated back several years: Some claimed the predators were simply not yet grown-up men, responsible for their actions back then, particularly since »#MeToo« has now ›suddenly‹ changed the rules of the game, when »no« actually means »no«.[10] And there were even grimmer questions asking »how were men to have known any better«, suggesting that »patriarchy has lied to men about what is and is not OK«, as women suddenly »enforce a new set of rules« (Angel 2021: 21).

But these seemingly naïve questions concerning what the rules and where the lines under the current ›conditions‹ at all are seem also to imply that macho and predatory behavior or even sexual harassment would have been socially acceptable before (Angel 2021: 18f.). So, instead of women, it is now apparently the ›cultural heritage‹ of flirting and gallantry that needs to be protected.


### 1.2.4 Saving Gallantry

After »#MeToo« had first emerged in the wake of the 2017 Harvey Weinstein sex scandal and began to expand beyond the film industry, some argued that the movement has apparently also blurred the lines: In an open letter published in the newspaper *Le Monde* in January 2018, 100 high profile French women demanded the »liberté d'importuner« (Collectif 2018: 20). The signees, among them actress Catherine Deneuve, author Catherine Millet and singer Ingrid Caven, stated: »Le viol est un crime. Mais la

---

9   After a montage of ›toxic masculinity‹, including scenes of mobbing, misogyny and physical transgression, the commercial shows examples of men holding other men accountable and stepping in for those who are bullied or harassed; cf. https://www.youtube.com/watch?v=koPmuEyP3a0 (last accessed: 31 October 2021).

10   This idea of seduction is well established within the western canon, for instance when in Ovid's *Ars amatoria* both forceful kissing—»illa licet non det, non data sume tamen«—and even rape—»grata est vis ista puellis«—are belittled in satisfying male desire (Ovid 1957: 58f.).

drague insistante ou maladroite n'est pas un délit, ni la galanterie une agression machiste« (Collectif 2018: 20).

However, their argument of an ultimate »Welt ohne Verführung« (Flaßpöhler 2018: 14) suggests that there are no distinctions, lumping together different forms of inappropriate and predatory behavior—be it sexist jokes or catcalling, unwanted ›dickpics‹ or stalking, flirting and seduction, men groping or ›stealing‹ kisses, unwelcome advances and requests for sexual favors, sexual harassment, assault and rape (Flaßpöhler 2018: 13)—, when instead others claimed that there actually is a difference between a man being a ›jackass‹ or a ›predator‹ (Coontz qtd. in Reese 2017).

Even after 2017, initiatives establishing a »campus consent culture« were criticized for patronizing women, and even updated Title IX guidelines implemented under President Barack Obama have been rolled back during the Trump administration (Angel 2021: 22f.). This conservative backlash promoting a problematic ›rape culture‹ stood in stark contrast to the social atmosphere when the many cases brought forward by the »#MeToo« movement instead underlined that the »time seems to be ripe for a new negotiation of the treacherous territory that is sexual violence« (Sanyal 2019: 178).


### 1.2.5 »Cancel Culture«

The fear of a premature censorship in the name of morality and political correctness was and is, especially in the United States, a highly controversial by-product of the »#MeToo« movement, since many commentators demanded that not only the artists but also their artworks should be cancelled from public life and the cultural canon respectively. For instance, with allegations reaching back several decades, film icons such as Woody Allen or Roman Polanski have not only become a *persona non grata* in the wake of the »#MeToo« movement, but also their entire œuvre is up for discussion. Similarly, there were requests to remove paintings by Balthus from major exhibitions or R. Kelly's music from the catalogues of online streaming services. And while there has hardly ever been a consensus about separating the artists from the art, some argued that there certainly is and was no consistency in both the outcry and the effects—with different allegations against Kevin Spacey, Dustin Hoffman or Michael Douglas being also treated very differently in this so-called ›court of public opinion‹ (»Ein Jahr danach«: 10).

But the expectable criticism that the ›woke‹ call-out-culture has gone ›too far‹ certainly is reductive, since »#MeToo« first of all gives marginalized people the opportunity to raise their voices against powerful institutions or to be heard at all in a justice system that is not working properly. On the other hand, the fundamental rights of freedom of speech and presumption of innocence are weighed against each other, when accusations that appear to be insufficiently substantiated or fall in a grey area between rape and consent (for instance with claims against actor Aziz Ansari or scientist Neil deGrasse Tyson) have not led to their permanent public exclusion. And while even in the case of legally convicted sex offenders it ultimately remains an individual moral decision to continue to listen to their music or still watch their films, in other cases it is rather questionable to what extent one can speak of »cancel culture« at all—from former TV or tech executives receiving millions of dollars as payouts and settlements as part of their exit agreements (which are many times higher sums than their victims got in exchange for signing NDAs or settling sexual misconduct lawsuits) to, for instance, Louis C.K.'s 2020 stand-up special *Sincerely Louis CK* winning »Best Comedy Album« at the 64th Grammy Awards.

In either case, the collectively organized protests on social media were and are only possible because of the digital networking opportunities crossing national and linguistic borders. For many observers, the social networks enabling such a shared resistance (Arndt 2020: 294) are thus a key example for the strength of today's feminism (van Schaik/Michel 2020: 314f.), while others argue that the accusations are not a ›real‹ female empowerment, since »#MeToo« would only reproduce old stereotypes with the woman being the passive object of male desire, endangered in a patriarchal society (Sanyal 2019: 177f.).

## 2. Fictional perspectives

The »#MeToo« movement as well as its backlash and counter-narratives were a decisive as well as a dividing moment for societies all over the world, with its aftermath reaching well into the 2020s: Both the reports and allegations of sexual assault as well as critical and anti-feminist positions—for instance by Jordan Peterson, Svenja Flaßpöhler, Daphne Merkin, Katie Roiphe or Claire Berlinski—continue to represent and reproduce a binarity of rape/consent, yes/no, man/woman or right/wrong, when instead »bodies and desire, sex and politics, freedom and violence, are much more complicated, rich, and fraught« (Kindig 2018).

However, »#MeToo« as a public discourse consists of more than the binary thinking and opposing positions leading to heated discussions, and both the ›victims‹ as well as the ›perpetrators‹ are not only defined by being a number in a statistic: So, for instance, when Chanel Miller in her memoir *Know My Name* (2019) reflects that her experience of being raped »makes you want to turn into wood, hard and impenetrable. The opposite of a body that is meant to be tender, porous, soft« (Miller 2020: 263), she makes her voice heard and thus provides an empowering platform for other women coping with similar trauma.

Hence, the images and metaphors used by Miller to describe her highly personal, deeply traumatic experience are—compared to other narratives about such harrowing and painful encounters—a different approach in contributing to the broader »#Me-Too« discourse: In contrast to, for instance, a simple newspaper report, it is precisely the tragic authenticity and the lyrical imagery that makes her account particularly vivid and thus may resonate with a wider audience.

Since there is an obvious need for such transmissions of the arguments and counter-points discussed earlier, it usually seems to be the task of literature, film and the visual and performance arts to develop stories and images, aesthetics and narratives: Here, in the fictional space, social conflicts and problems can be acted out, immanent orders and norms can be questioned, and solutions and alternatives can be presented, with pro-tagonists in exemplary stories showing different behavior, or rather how different behavior can be.

And while literature or film can say what has not yet been said, can show what has not been shown before, the readers and viewers are in retrospect encouraged to reflect on their own experience or behavior—even if the instruction for taking action(s) is perhaps only implied by the story itself. Thus, each and every novel or film can not only affect and activate its audience through the choice of exemplary stories and relatable characters, but with its safe distance to the fiction can also pose inconvenient questions, such as: ›What would I have done in that very situation?‹ or ›How can I protect other people from such an experience?‹. Interestingly, in comparing North American and European texts, a similar thematic focus is noticeable in the early novels and films of the first four years since »#MeToo« became a global phenomenon in 2017, with an em-phasis on (a) female experiences, (b) female empowerment, (c) metafictionality, as well as (d) the ›other side‹.


### 2.1 Female Experiences

One of the central aspects (and merits) of a post-»#MeToo« literature has been the generalization of the female experience: Literary texts and especially short stories published only a few months after the allegations against Weinstein were first reported by the *New York Times* and the *New Yorker*, mark a paradigmatic shift in attention from the Hollywood actresses to everyday harassment. Instead of fictionalizing actual cases of prominent figures, many literary approaches (of largely female writers) are now focused on the ›ordinary‹ (young) woman, on hostile work environments, sexism and the oppression of female desire in Western patriarchal societies.

Kristen Roupenian's short story *Cat Person*, first published in the 11 December 2017 issue of *The New Yorker*, for instance, tells the story of a short but problematic rela-tionship between the student Margot and the 14 years older Robert: After he self-confidently asks the »›concession-stand girl‹« (Roupenian 2017: 65) out for a movie, she is confused by the mixed messages and his unstable behavior. Not wanting to hurt him, Margot finally agrees to go out for another drink afterwards—and experiences what the story's narrative instance (with an internal focalization exclusively on Margot) reflects as »a terrible kiss, shockingly bad« (66):

> By her third beer, she was thinking about what it would be like to have sex with Robert. Probably it would be like that bad kiss, clumsy and excessive, but imagining how excited he would be, how hungry and eager to impress her, she felt a twinge of desire pluck at her belly, as distinct and painful as the snap of an elastic band against her skin. (67)

Her assumptions soon become true, when Margot agrees to go home together the same night: The »huge, sloppy kisses« soon turn into an equally awkward petting, with her feeling »that she might not be able to go through with it after all« (68). Besides behaving partly clueless, partly dominant and partly frustrated during the foreplay, Robert seems obviously influenced in his behavior by mainstream pornography: In trying to fulfill the expectations of both his role as the ›active‹ and ›potent‹ man as well as of the sexual intercourse (and its series of practices and positions) itself, he projects his desire onto Margot. However, while his pornographic vocabulary initially seems rather entertaining, Margot increasingly feels »a wave of revulsion«, »self-disgust« and finally »humiliation« (69).

Although the highly unpleasant incident technically does not count as rape, not even as sexual violence in a ›classical‹ sense, comments and posts online showed the ubiquity of this story in the experiences of women worldwide: In deciding to »carry through with it« (69), Margot has to endure bad sex because she doesn't dare to say »no« to her male partner.[11]

Critically praised for its psychological precision as well as for shedding light on elusive power dynamics (Baum 2019: 42), *Cat Person* was almost instantly spread on social networks and widely discussed in forums online: Robert's imagination of female sexuality in general and his expectations of Margot as a sexual partner in particular seemed to stand paradigmatically for toxic male behavior and a problematic culture of non-consensual sex (Angel 2021: 66).

Published in the following year, Bettina Wilpert's novel *nichts, was uns passiert* (2018) also deals with the different perceptions of a highly problematic sexual encounter, and uses the narrative technique of multiperspectivity in order to contrast the positions of the victim, the perpetrator and their circle of friends: The student Anna claims to have been raped by a fellow postgraduate, after they already had casual sex

---

11    In 2021 it was revealed that *Cat Person* not only corresponded to experiences of many women all around the world, but that the short story is itself based on actual events, retold by Roupenian without ›consent‹ (Nowicki 2021), thus provoking discussions about the limits of fiction in general (Franzen 2021: N3).

once before, whereas Jonas states that it was consensual: »Schließlich benutzte er ein Kondom. Sie wehrte sich nicht.« (Wilpert 2018: 47)

Its continuous multiperspectivity brings the novel close to a detective or courtroom plot in which different positions are juxtaposed: The narrative instance becomes more of an ethnographer (Künzel 2021: 130.), collecting these different perspectives, mostly without further comments or any form of foreshadowing.[12] The novel itself consists of 14 chapters (titled with letters from A to N), each in turn divided into alternating perspectives, with some being only one or a few paragraphs long. Narrated retrospectively and almost exclusively in indirect speech, both the preliminary events leading up to the incident, the night of the alleged rape as well as the following weeks are meticulously traced, with the multiperspectivity sometimes revealing logical contradictions in the perception of the characters. So, for instance, Anna and Jonas seem to have different memories about how they met each other in the first place (5ff.) or different judgements of their first night together (19ff.).

Thus, the narrative tension does not revolve around the question of who the perpetrator is,[13] but whether Jonas actually raped Anna—with the core point of friction, obviously, being that fateful night in the summer of 2016. The novel first presents Anna's account of what she calls »›die Sache‹« (51), when she remembers:

> Dass er ihre Arme nach unten drückte. Dass er versuchte, sie zu küssen, sie drehte den Kopf weg. [...] Hielt sie fest. Sie wehrte sich, es tat ihr weh, als er in sie eindrang, sie war verkrampft, Tränen liefen ihr Gesicht herunter. Dann erst begriff sie: Er war stärker als sie. Sie konnte sich nicht wehren. Sie gab auf. Versuchte, sich zu entspannen. Dann tat es weniger weh. Fing an zu zählen. Seitdem wusste sie, dass 1380 Sekunden 23 Minuten sind. (61)

It is only a few pages later—and the choice of order actually might influence the reader's perception psychologically (Hartner 2014: 359f.)—that the alternative perspective is presented:

> Dass er sich nicht mehr an jedes Detail des Geschlechtsverkehrs erinnerte. Er war ziemlich betrunken, aber es war einvernehmlich, schließlich benutzte er ein Kondom! [...] Anna hatte keine Ablehnung signalisiert, selbstverständlich hätte er ihren Willen akzeptiert, wäre es anders gewesen. Außerdem hatten sie sich bereits auf dem Spielplatz geküsst, dafür gab es mehrere Zeugen, und es zeigte, dass Anna da schon freiwillig gehandelt, und er sie zu nichts gezwungen hat. (87)

---

12  Only very rarely, the narrative »I« appears overtly, for instance with remarks such as »hakte ich nach« (Wilpert 2018: 40) or »fragte ich« (97).

13  In classic crime and detective fiction, this would be the »whodunit« plot.

In denoting the »semantic clashes between different characters« (Hartner 2014: 354), the novel's multiperspectivity thus mirrors the classic ›he said, she said‹ story, and the contrasting perspectives and different angles result in an overall picture that is more blurred than definitive. But it is precisely the very ambiguity of multiperspective narration that opens up the possibility of contrasting these fragments of memory and playing through different outcomes within the novel: On the one hand, for example, the social repercussions and stigmatization of (possible) false allegations as well as the psychological pressure of the police investigation (138f.; 146); on the other hand, the traumatic memories and the feeling of shame, Anna's perception of guilt, her struggle for a self-determined way of dealing with the violence experienced, and even speculations about her sexual reputation in Anna's own circle of friends (127f.; 141f.).

The end of the novel, however, remains disillusioning, as the criminal charges are dropped: Jonas is acquitted because he (technically) didn't use physical force and Anna did not defend herself ›sufficiently‹ during the rape (162).[14] However, by refusing a happy ending, the novel may seem more realistic and in line with the actual conviction rates of sexual assault and rape, which are statistically lower than other crimes. But that is not the only reason why reading the novel can have a cathartic effect: With its documentary compilation of different perspectives and classic narratives, as well as the playing out of a (fictitious) case history, *nichts, was uns passiert* makes it possible to experience an exemplary (and frighteningly, as marked by the title, everyday) »#MeToo« case through all stages.

## 2.2 Female Empowerment

Undoubtedly, literary and cinematic depictions of female experiences of sexuality and sexual violence both help to create a public awareness and mirror the heightened interest in addressing sexual harassment or inappropriate behavior. Nevertheless, in many texts—even if this may correspond to the statistics and hence appears closer to everyday life—the woman still remains in the very role of a victim that the »#MeToo« movement is repeatedly accused of creating and reproducing.[15]

This is where recent novels, films, or performances come in, allowing women to become the subject of their own stories,[16] or even to search for an artistic way to process

---

14    In 2016, the sex crime law in Germany was finally tightened with the embedding of the principle of »no means no« in criminal law.

15    Cf. chapter 1.2.1 before.

16    In Kate Reed Petty's novel *True Story* (2020), for instance, Alice counters the ›rumors‹ (Reed Petty 2020: 65) about her being the victim of a sexual assault she does not remember by appropriating the story in her ›own way‹ and thereby gaining discourse power: »I made it a

the traumatic violence—as, for instance, in a controversial performance by Emma Sulkowicz: As a junior student at Columbia University, she filed a complaint under Title IX with the school's »Gender-Based Misconduct Office« and later with the NYPD, alleging she had been raped by a fellow student in 2012. But after her reports were ultimately turned down, and the university found the alleged perpetrator »not responsible« (Projansky 2018: 136.), Sulkowicz decided to reprocess the incident in a performance project for her senior year thesis under the title *Mattress Performance (Carry That Weight):* For several months, she carried a 50-pound dorm-mattress around campus in order to draw attention to her own case and to intervene »in a broader cultural and political debate about rape culture« (Banet-Weiser 2019: 167), three years before »#MeToo« even became a global hashtag.[17]

Similarly, literary texts too discuss (im)possibilities of transforming trauma into self-empowerment, for instance by referring to the ›rape and revenge‹ genre[18] or simply by choosing a first-person narrative instance: The telling of one's own perspective can both have a self-empowering effect and lead to trauma coping, for instance in Rosie Price's debut novel *What Red Was* (2019).

Here, two different women share the same traumatic experience: The successful film director Zara became the victim of assault at the begin of her career, while the young Kate, a friend of her son's, was raped by a fellow student. In analogy to the differences in the literary depiction—in contrast to the re-narration filtered by Zara (Price 2020: 236f.), the more recent sexual violence against Kate is described in detail by the omniscient instance (95ff.)—the two women have also developed individual strategies for dealing with the experience: Kate confides her story of rape to close friends only, without sharing any specifics of date, place or name but the rapist's distinctive tattoo. Zara, on the other hand, makes the experienced rape the subject of her latest movie titled *Late Surfacing* with the female victim killing her rapist on screen in a proper »desire for symmetry that propelled this penultimate act« (374). But while Zara can

---

    thriller, a horror, a memoir, a noir. I used my college essays, emails, and other documents to ground the story in the truth—they're the closest thing I have to ›evidence‹, proof that my memories, however few, are real« (322).

17   In 2015, Sulkowicz ›recreated‹ a sexual assault encounter in her eight-minute video *Ceci N'est Pas Un Viol* (2015), with the title referring to the famous René Magritte painting *La trahison des images* (1929) and the general ambiguity of (artistic) reproductions: Uploaded on her website (www.cecinestpasunviol.video) (last accessed: 31 October 2021), the disturbing video both hints at the unrestricted availability of ›hardcore‹ pornography on the internet and at the same time addresses the transition from consensual to non-consensual sex.

18   However, recent films from Coralie Fargeat's *Revenge* (2017) to Ridley Scott's *The Last Duel* (2021) are sometimes criticized for being under the influence of a »long arm of the male gaze« (Posada 2020: 193) instead of developing ›other‹ narratives and gazes (Herrmann/Klocke 2020: 70f.).

thus symbolically complete her coping process after the death of her actual rapist (due to old age, not a murder),[19] Kate would reject such an absolute closure:

> But the problem was that now that the final retribution had been committed, now that the balance had been restored, there was no longer a cause: This woman had brought her story to too neat a conclusion, her existence so narrowed by rage that there was no longer any reason for her to continue to live. (374)

After all, the traumatic experience has involuntarily become an indelible part of Kate's biography that she apparently, despite everything, does not want to simply erase: »›I wear it, I feel it every day. It's under my skin, in my flesh‹« (275). It therefore comes as a shock for her when Zara's film depicts the rapist having a tattoo—thus exposing Lewis as Kate's actual rapist to her friends at the film premiere. For Kate, this unexpected revelation represents a severe transgression of boundaries that deprives her of the opportunity to decide for herself how to deal with the traumatic experience. Instead, Zara has appropriated the »most private piece of her history« (343) without consent (348).[20]

Therefore, despite her struggle of coping with the distressing memories,[21] Kate seeks to embrace the pain, for instance when she two years later returns in a self-imposed shock therapy for the first time to the scene of the crime in an »act of self-determination« (337):

> The smell of aftershave, the burden of an immovable weight. That red ribbon, that rawness. But they did not undo her. [ … ] There would be other shades of red, other filters through which she could apprehend the world, and she would be more powerful for her knowledge of them. (339)

United in their traumatic experiences, the two women thus stand for two different forms of self-empowerment—the cinematic revenge in Zara's movie as a symbolic act on the one hand, in contrast to Kate's individual overcoming of trauma on the other. But they also differ on issues concerning individual responsibility. Zara remarks that being silent would not only protect the perpetrator, but potentially jeopardize other women as

---

19 In a conversation with Kate (»›mine is dead‹«), she regrets that she never confronted her rapist: »›So it really is too late; I have no outlet, no living cause. It's all buried, and now that I'm here to excavate it, it's too late to really matter‹« (322).

20 This is an interesting parallel to the actual debates about the fictionality of Roupenian's *Cat Person* before.

21 The novel only briefly addresses, through its omniscient narrator, that Lewis himself—despite denying the rape to his friends as consensual intercourse (359)—is also haunted by (traumatic) images of the incident (319).

Fig. 3: Cassie's notebook (Promising Young Woman, 00:09:13 min.)

well. In contrast, Kate once again has a more individualistic, even fatalistic under-standing, stating: »›It's his responsibility to stop, not mine. […] It's not my problem‹« (325). By simply comparing these positions without evaluating them, the novel leaves open which approach could be more ›feminist‹ or morally ›appropriate‹, and whether their different ways of dealing with both the (highly personal) traumatic experience and the social environment of ›rape culture‹ may, as sometimes assumed, be evidence of a generational shift (Noll 2020: 12).

Using the possibilities of fiction, the novel can show alternative options, play through different courses of action, and weigh them against each other, with its range of male and female characters—besides the victim and the perpetrator, for instance, voluntary or involuntary accomplices or the ›silent majority‹—making the readers think about how they would behave in that very situation: Thus, novels or movies simply can, in contrast to theoretical essays or lectures, be more powerful and reach a wider audience.

A case in point is Emerald Fennell's directorial debut film *Promising Young Woman* with a spectacular 110 wins and 171 nominations, including the 2021 Academy Award for Best Original Screenplay (»Awards« 2021). The titular woman, Cassandra ›Cassie‹ Thomas (played by Carey Mulligan), drops out of medical school after the rape and eventual death of her friend Nina Fisher, thus quitting a ›promising‹ career as a future doctor and instead working at a local coffee shop. After her shifts, she roams around bars and clubs and poses as drunk ›bait‹ in order to be picked up by men taking advantage of her. At their homes, she reveals herself as sober and confronts them, with the cases later being collected as tally marks in her notebook (Fig. 3).[22]

---

22    However, the meaning of the colors black and red used for the lines as well as the names remains
      unclear.

One day at the coffee shop, Cassie coincidentally meets her former classmate Ryan Cooper, and they begin dating; by now, Ryan has not only become a doctor, but also Alexander ›Al‹ Monroe, who allegedly raped Nina at the time and who is soon about to marry his fiancé. This encounter sparks Cassie to embark on a full-blown revenge in three parts with each ›chapter‹ being introduced by a tally mark inserted on screen: She first meets her former fellow student Madison McPhee, who blames Nina's »reputation for sleeping around« (00:37:43 min.) for the assault; during their meeting Cassie first gets her drunk and then arranges for her to wake up in a hotel room next to a stranger. In the second chapter, Cassie visits Elizabeth Walker, the dean at the time who had dismissed the reported rape allegations against Al Monroe as »too much of a ›he said, she said‹ situation« (00:43:52 min.). Again, Cassie implements a cathartic shock therapy, claiming that Walker's young daughter is momentarily exposed to the same situation Nina was in—in a dorm room with drunk students. Finally, Cassie targets Jordan Green, Al's former lawyer, who pressured Nina to drop the charges. But it comes as a surprise to Cassie that he immediately breaks down tortured by guilt, and begs her to forgive him.

Cassie's secret revenge plan has come to an end, and nothing seems to stand in the way of a future together with Ryan—at least until she receives a video file of the night in question, and now not only obtains (visual) evidence of Nina's rape, but also has to learn that Ryan was one of the bystanders and did not intervene. She immediately breaks up with him, and Cassie's revenge plot is expanded by a fourth chapter, in which she arrives at Al Monroe's bachelor party dressed as a stripper: After drugging the other friends, she handcuffs him to a bed and confronts him with the video evidence. As he continues to vigorously deny the rape, Cassie wants to permanently mark him by tattooing Nina's name on his torso.[23] Suddenly, Al manages to free his left arm and overpowers Cassie—and in an agonizingly long death struggle that lasts several minutes, he ultimately kills her.

And so the film does get a fifth chapter (in accordance with the classical drama structure), although it remains open whether it would be the catastrophe or a redemption: Ironically underscored by Juice Newton's *Angel of the Morning* of all songs,[24] Al's wedding ceremony comes to an abrupt end when police officers arrest the groom for murder (Fig. 4), after Cassie had protected herself in advance by making the lawyer

---

23  In a similar act of symbolic ›revenge‹, Lisbeth Salander brands her rapist by tattooing on his stomach in Stieg Larsson's 2005 novel *Män som hatar kvinnor* (Larsson 2008: 287f.).

24  *Promising Young Woman* deliberately plays with (genre) expectations and is thus able to create an ambivalent feeling—from the poppy soundtrack or the modern update of the ›final girl‹ as a classical trope in (horror) movies to the deliberate counter-casting with the roles of the perpetrator and the hangers-on being played by familiar ›nice guys‹ from films and TV series such as *Private Practice* (Chris Lowell as Al), *Funny People* (Bo Burnham as Ryan) or *New Girl* (Max Greenfield as Al's best man).

Fig. 4: The fifth chapter (*Promising Young Woman*, 01:42:18 min.)

Jordan Green her accomplice, who turned over evidence of Nina's rape and Cassie's disappearance to the authorities.[25]

Perhaps we need these powerful images, the surprising twists and a radical, hardly predictable ending to make the film cathartically remain in the memory of the audience —and thus actually make a change in society. In this way, *Promising Young Woman* indeed plays through different »#MeToo« narratives, but above all, with male complicity and what Linda Gordon in her 1981 essay *The Politics of Sexual Harassment* already called »a powerful bonding among men« (Gordon 2018), the film strikingly brings a theme to the center of attention that questions the »#NotAllMen« counter-argument.[26] On the other hand, however, it seems that the film does not really offer a practical solution that goes beyond the most existential self-sacrifice: Cassandra has to become an avenging angel with her own death being the final sacrifice to Nina.

## 2.3 Metafictionality

Besides its drastic approach, Fennell's *Promising Young Woman* was also critically praised as a meta-commentary to the ›rape and revenge‹ genre (Lindemann 2021: 70), since the movie »befragt mit den Mitteln des Kinos das Kino selbst und die Rolle, die es beim Verharmlosen von Sexismus und Gewalt gespielt hat« (Pilarczyk 2021: 118). And indeed, it is striking that the very medium that stood in the epicenter of the Weinstein revelations is now becoming one of the most important and popular platforms for

---

[25]  Thus, the connection to the mythological name Cassandra is fulfilled after all.

[26]  Similarly, in Wilpert's novel, Jonas was also described as »einer von den Guten« (Wilpert 2018: 111).

reconsidering the industry's own behavior—from the reconstruction of factual cases to more abstract or allegorical stories.

Jay Roach's *Bombshell* (2019), for instance, is based upon the actual 2016 sexual harassment accusations against the conservative media mogul Roger Ailes, the founder and long-time CEO of Fox News. The film ultimately achieved widespread attention due to both its high-profile casting—with Charlize Theron (as Megyn Kelly) and Nicole Kidman (as Gretchen Carlson) in the lead roles alongside supporting actresses Margot Robbie, Kate McKinnon and Allison Janney—as well as its main focus being on the women: Instead of retelling the rise and fall of Ailes himself (with the potential danger of creating a myth), the film examines the hostile work environment, the entrenched culture of sexism and the gender-based discrimination from the perspective of different female employees. However, the contrasting characters also show how differently the women deal with the toxic workplace around them, from mutual solidarity and support[27] to playing by the ›rules‹ in hope for a career breakthrough.[28]

Showtime's miniseries *The Loudest Voice* (2019), starring actor Russell Crowe as Roger Ailes, takes the exact opposite approach and depicts the Fox CEO as a paranoid strategist, who becomes increasingly delusional in the course of the seven episodes (*The Loudest Voice*, S1.E7, 00:10:41 min). This ›male‹ perspective, in turn, now depicts the abuse of power from the ›other‹ side, when taking the perpetrator's point of view can thus trace back the origins of Fox's corporate culture of complicity:

> Ailes's attitudes about women permeated the very air of the network, from the exclusive hiring of attractive women to the strictly enforced skirts-and-heels dress code [...]. It was hard to complain about something that was so normalized. (Sherman 2017: 402)

Similarly, both Kitty Green's 2019 film *The Assistant* as well as the first season of *The Morning Show* (2019), a popular Apple TV+ series, refer to factual cases, but without mentioning actual names.[29] Thereby, the ubiquity of abuse within the film and television industry as well as the everyday quality of harassment in general becomes more apparent. *The Assistant*, for instance, mirrors the self-exploitation and the interchangeability of the assistant Jane (played by Julia Garner) through an agonizingly

---

27   Almost resignedly, Meghan remarks at one point to Kayla: »We find each other.« (*Bombshell*, 01:17:49 min.)

28   In an impressive scene, the steadicam follows various women through the dressing rooms: While they defend Ailes on their phones to journalists, they squeeze into tight dresses, short skirts and push-up bras at the same time (*Bombshell*, 01:10:56 min.).

29   The character of Mitch Kessler (played by Steve Carell), for instance, seems to have been inspired by popular TV hosts such as Charlie Rose (the co-anchor of *CBS This Morning*) and Matt Lauer (co-anchor of the *Today Show* on NBC), who were fired amid allegations of misconduct and sexual harassment in November 2017.

lengthy narration; the de-individualization even goes so far that Jane responds to abusive accusations of her boss with standardized e-mails (*The Assistant*, 00:16:27 min.; 01:00:42 min), or that her HR complaint is dismissed as she is »not his type« anyway.[30]


## 2.4 The Other Side

It may not have come as a big surprise to many critics that the balzacesque plot of *Les Choses humaines* in the tradition of the ›grands récits‹ of 19th-century French literary realism was awarded the 2019 »Prix Interallié« as well as the »Prix Goncourt des lycéens«: Karine Tuil's novel, published by the prestigious Gallimard publishing house, hit a nerve in French society, which was torn between the urgent need to finally debate everyday sexism and harassment on the one hand, and on the other to preserve the ›galanterie française‹ as a cultural ›heritage‹.

Tuil's novel is set in the higher circles of French society and revolves around the successful TV and radio host Jean Farel, his younger wife Claire,[31] and their son Alexandre. The plot centers around two major events: First, an evening in the summer of 2016, when the veteran journalist Jean Farel is appointed to the »Ordre national de la Légion d'honneur« at the Palais de l'Élysée. The next day, the Farel family is surprised by a police raid in Jean's luxurious Paris apartment following a complaint of rape: But the alleged victim is not—as the novel first indicates—the young colleague Jean has seduced the night before, but the 18-year-old Mila, the daughter of Claire's current partner Adam Wizman, who was at a college party with Alexandre.

The second part of the novel is devoted to the court proceedings two years later:[32] Over a good 150 pages, statements and protocols are put together; similar to the multiperspectivity in Wilpert's novel discussed above, the readers are provided with a comprehensive paperwork of the trial against Alexandre, who strongly denies Mila's rape allegations. But despite this documentation, questions arise concerning the factual accuracy of the opposing statements, the balance of the arguments brought forward or

---

30   *The Assistant*, 00:57:29 min.

31   Claire Davis-Farel too is a respected journalist; interestingly, she is introduced to the readers as having been one of three female interns during the second Clinton administration, along with Monika Lewinsky and Huma Abedin (Tuil 2019: 17f.). This blending of real persons and events with fiction becomes programmatic for the whole novel itself; at the same time, such references to the actual cases of Lewinsky and Abedin underline that a regular culture of sexual assault existed long before the recent »#McToo« movement.

32   The third chapter, entitled »Rapports humains«, seems like an obvious reference to Honoré de Balzac's *Comedie humaine* and its universal ambition of »l'histoire et la critique de la société, l'analyse de ses maux et la discussion de ses principes« (Balzac 1976: 16).

the neutrality of the compilation (which is obviously influenced by the court procedures, the quality of the lawyers etc.).

It is therefore telling that Mila as the victim has no agency of her own both throughout the novel as well as the hearings, and literally disappears from the story after the trial ends with a relatively light suspended sentence for Alexandre: Even though the title suggests a truth outside the gender binary, the human condition appears to be shaped by patriarchal structures and male hegemony.[33] But *Les choses humaines* not only updates 19th-century theories of determinism, adding sex as a decisive factor to Hippolyte Taine's categories of ›race, milieu, moment‹ (Taine 1863: xxiiff.), but also seems to stand in the tradition of French sociology: The novel outlines the current public discourse on sexuality—from the 2015/16 New Year's Eve sexual assaults in the German city of Cologne[34] or misogyny in internet pornography (90; 212) to the change in perception when suddenly one's own family is affected, with Jean's infamous testimony on the witness stand:

> »Alexandre est une bonne personne, [...] pourquoi je pense qu'il serait injuste de détruire la vie d'un garçon intelligent, droit, aimant, un garçon à qui jusqu'à présent tout a réussi, pour vingt minutes d'action.« (281)[35]

Thus, by making the victim herself even more of an object in the literary perspective, the agonizing dominance of patriarchy is depressingly underlined; on the other hand, it is perhaps precisely through such a perspective that toxic masculinity can be unmasked.[36]

In a similar approach, Mary Gaitskill's short story *This is Pleasure*, first published in the *New Yorker* in 2019, brings together two opposing perspectives—the male ›perpetrator‹ and the female ›victim‹—, but it quickly becomes obvious that such clear assignments of responsibility simply do not exist. The 22 chapters, each titled Q or M, alternate between the perspectives of the successful editor Quinlan ›Quin‹ Saunders

---

[33] Besides the alleged rape, the male power over the female body is probably best illustrated by Jean's pressure on Alexandre's former girlfriend to have a late-term abortion (Tuil 2019: 105; 113).

[34] Claire has repeatedly discussed the incidents, claiming that »›les femmes agressées doivent être écoutées et entendues‹« (39), and assuming »›une chosification de la femme qui mène aux violences commises sur son corps‹« (138) as a cause.

[35] Tuil took this very argument from the actual trial of Chanel Miller's rapist (Angel 2021: 66).

[36] Though the novel ends with Alexandre becoming a successful app developer (users of »Loving« can search for partners for sexual encounters via the app in a customized way, and then give consent for currently desired sexual preferences and practices), in the last scene he is ironically dumped after an unconsented French kiss: »Dans la cuisine, son téléphone vibra: d'un clic, elle avait annulé son consentement« (Tuil 2019: 341).

and his former assistant and now good friend Margot: Considering himself both an extrovert and a sensualist, Quin loves to flirt rather explicitly and expects women to respond to his ›playful‹ teasing in a similar way. He also has a certain need to give advice, which is apparently (at least from his perception) very often embraced by women—but his lascivious way of flirting also includes, for example, asking women intimate questions or touching them in equally intimate places. If they comply with his ›desires‹, the female assistants receive access to Quin's inner circle—otherwise he dumps them (42f.). Many years ago, Margot, too, was one of his ›victims‹—but when he inappropriately reached between her legs, she immediately put him in his place (12f.). Quin, in turn, is impressed by her strong self-confidence, and from now on mentors her.

Once again, the narrative technique of multiperspectivity is used here to shed equal light on both sides—but compared to Wilpert's novel, the case in question is a different one, with the legal as well as moral boundaries being less clearly recognizable: Margot not only played along with his games and accepted Quinn's favors; she also noticed the continuing unwanted advances and his inappropriate physical contact with other women and is repeatedly »mad« at him (33)—but ultimately seems to expect from them a resistance similar to her own (69).

After Quin is mentioned in an online petition among multiple other »abusers«, signed by hundreds of women (63) in the wake of the »#MeToo« movement—which is never explicitly named in the novel—and finally a lawsuit against his publishing firm is brought forward, he tries to explain his longing for a special intimacy: »›I flirted. That's all it was. I did it to feel alive without being unfaithful‹« (61). Thus, Quin is not a ›typical‹ »#MeToo« case in the sense that he actually never raped a woman; yet being (as his wife Carolina puts it) a »›pinching, creeping, insinuating fool‹« (62), he takes advantage of the very same power imbalances in the workplace. Similarly, *This is pleasure* is not a typical »#MeToo« story either: In contrast to Tuil and the emphasis on patriarchal power, mirrored through the one-sided dominance of the perpetrator's perspective, Gaitskill seems even more interested in psychologically tracing the man's behavior and exploring moral gray areas.


## 3. Outlook

When »the silence breakers« of the »#MeToo« movement were named *Time* magazine's »Person of the Year« in 2017, its editor-in-chief had a clear perspective of what's to come next: »Indeed, the biggest test of the movement will be the extent to which it changes the realities of people for whom telling the truth simply threatens too much« (Felsenthal 2017: 21). About four years later, the movement is far from being over, when

2021 saw, among other things, the resignation of New York governor Andrew Cuomo as well as new initiatives like »Deutschrap MeToo«.[37]

This overview of the past (and at the same time first) four years of the »#MeToo« movement thus only remains a baseline study. And like any other social discourse, the debates will change, and new narratives and counter-narratives will enter public discussion over the years to come (Foucault 1971: 4f.). Each narrative thereby ›tells‹ stories to both structure the complexity of the discourse—classically through plots (good/evil, right/wrong) and protagonists (subject/object, perpetrator/victim)—and to reduce it to central issues. In addition to their function of order, however, narratives also serve to activate and mobilize, since they are associated with a clear (political, social) orientation as well as (implicit or explicit) guidance for action.

Since the movement's beginnings in October 2017, both press coverage and social media have been the central fields of discourse in which social, legal, and feminist issues are being negotiated with reference to individual figures and personal stories. Both the authenticity of these narratives and the broad generalizability of the highly individual incidents establish a political activism with global applicability, but inevitably also lead to an anti-feminist backlash with specific counter-narratives (such as the five examples identified above). The discursive arena of the internet in particular constitutes a special feature in this context: Although the discussions can now be conducted in real time across continents and time zones, many of the narratives experience a strong shortening and thus a further polarization.

On the other hand, »#MeToo« also continues in literature, film and other popular media with empowering stories and critical perspectives, by using fictional stories in order to denounce injustices and point out possible solutions:[38] Chandler Baker's novel *The Whisper Network* (2019), for instance, deals with women's resistance against their sexist, abusive boss, and their fight against a work environment which forces female employees to erase their »femininity in just the right ways« (Baker 2019: 373); collections of stories, such as the anthology *Sagte sie* (2018), edited by Lina Muzur, bring together female voices and thus help to establish a diverse canon. On the other side of the spectrum, perpetrator perspectives might appear morally problematic, but do expand the literary »#MeToo« discourse, for instance by deconstructing the male dominance of a figure such as Harvey Weinstein in David Mamet's *Bitter Wheat* (2019). In a similar way, Emma Cline's short story titled *White Noise* (2020) depicts a broken

---

[37]  Following assault allegations against a German rap artist, topics of misogyny, sexism and sexual violence in rap music were—to that extent for the first time—publicly discussed in Germany over the course of the summer of 2021.

[38]  The artistic focus is still predominantly on Europe and North America, although exciting approaches from other parts of the world are gradually becoming available—for example with an innovative portrayal of rape trauma in the Taiwanese film *Nina Wu* (2019), which is also meta-reflexively set in the movie industry itself.

Weinstein on the day before the jury verdict—and thus on his last day in ›freedom‹—
who mistakes a neighbor for the novelist Don DeLillo and fantasizes about his come-
back as a film producer.[39]

These are neither ›easy‹ nor ›simple‹ stories, and ›right‹ does not always triumph
over ›evil‹. But in contributing to the debate, novels, films or performances can indeed
broaden the »#MeToo« discourse by playing through exemplary stories or by even
taking radically different perspectives. And through their search for new aesthetics and
diverse narratives, writers, filmmakers and performers alike do not allow themselves to
be silenced either.


*Bibliography*

Adetiba, Elizabeth (2017): »Tarana Burke Says #MeToo Should Center Marginalized Communities.« *The Nation*, 17 November 2017, https://www.thenation.com/article/archive/
tarana-burke-says-metoo-isnt-just-for-white-people (last accessed: 31 October 2021).

Angel, Katherine (2021): *Tomorrow Sex Will Be Good Again. Women and Desire in the Age of
Consent.* London: Verso.

Arndt, Susan (2020): *Sexismus. Geschichte einer Unterdrückung.* München: Beck.

»Awards.« (2021), https://www.imdb.com/title/tt9620292/awards (last accessed: 31 Ocotober
2021).

Backes, Laura / Hipp, Dietmar (2021): »›Was ist eine Frau bereit zu tun, um eine begehrte Rolle
zu bekommen?‹« In: *Der Spiegel* 15, pp. 44–46.

Baker, Chandler (2019): *The Whisper Network.* London: Sphere.

Balzac, Honoré de (1976): *Œuvres complètes: Tome premier.* Paris: Gallimard.

Banet-Weiser, Sarah (2019): »Radical Vulnerability. Feminism, Victimhood and Agency.« In:
Gámez Fuentes, María José / Núñez Puente, Sonia / Gómez Nicolau, Emma (eds.): *Re-Writing
Women as Victims. From Theory to Practice.* New York: Routlegde, pp. 167–180.

Baum, Antonia (2019): »Alle tanzen um sich selbst.« In: *Die Zeit* 9, p. 42.

*Bombshell* (2019), dir. Jay Roach, prod. Lionsgate, 109 mins.

Brownmiller, Susan (1975): *Against Our Will. Men, Women and Rape.* New York: Fawcett.

Cline, Emma (2020): »White Noise.« In: *New Yorker* 8/15 June 2020, pp. 49–61.

Cobb, Shelley / Horeck, Tanya (2018): »Post Weinstein: Gendered Power and Harassment in
the Media Industries.« In: *Feminist Media Studies* 18.3, pp. 489–491.

Collectif (2018): »Des femmes libèrent une autre parole.« In: *Le Monde*, 9 January 2018, p. 20.

Cooper, Michael (2019): »David Daniels Arrested in Sexual Assault Case.« In: *New York Times*,
31 January 2019, p. C3.

---

[39]  Here, Weinstein plans a film version of DeLillo's 1985 novel *White Noise*, but ironically confuses
the book's first sentence (»The station wagons arrived at noon, a long shining line that coursed
through the west campus.«) with the beginning of Thomas Pynchon's *Gravity's Rainbow* (1973),
another great and equally ›un-filmable‹ work of 20th century American literature (Cline 2020: 52;
DeLillo 2012: 3; Pynchon 2013: 3).

D'Amore, Laura Mattoon (2021): *Vigilante Feminists and Agents of Destiny. Violence, Empowerment, and the Teenage Super/heroine.* Lanham, MD: Lexington.

Davis, Angela Y. (1981): *Women, Race & Class.* New York: Random House.

DeLillo, Don (2012): *White Noise.* New York: Picador.

»Ein Jahr danach.« (2018) In: *Süddeutsche Zeitung,* 6 October 2018, p. 10.

Farrow, Ronan (2017a): »From Aggressive Overtures to Sexual Assault: Harvey Weinstein's Accusers Tell Their Stories.« *New Yorker,* 10 October 2017, https://www.newyorker.com/news/news-desk/from-aggressive-overtures-to-sexual-assault-harvey-weinsteins-accusers-tell-their-stories (last accessed: 31 October 2021).

Farrow, Ronan (2017b): »Abuses of Power. The Hollywood mogul accused of serial assault.« In: *New Yorker,* 23 October 2017, pp. 42–49.

Farrow, Ronan (2019): *Catch and Kill. Lies, Spies, and a Conspiracy to Protect Predators.* New York: Little, Brown and Company.

Felsenthal, Edward (2017): »The Choice.« In: *Time* 190.25/26, pp. 20–21.

Flaßpöhler, Svenja (2018): *Die potente Frau. Für eine neue Weiblichkeit.* Berlin: Ullstein.

Foucault, Michel (1971): *L'ordre du discours.* Paris: Gallimard.

Franzen, Johannes (2021): »Ich bin nicht so, wie alle Welt vermutet.« In: *Frankfurter Allgemeine Zeitung,* 28 July 2021, p. N3.

Franzen, Jonathan (2017): *The Corrections.* London: HarperCollins.

Gaitskill, Mary (2019): *This is Pleasure.* London: Serpent's Tail.

Gallagher, Ryan J. et al. (2019): »Reclaiming Stigmatized Narratives: The Networked Disclosure Landscape of #MeToo.« In: *Proceedings of the ACM on Human-Computer Interaction* 3.96, pp. 1–30.

Gordon, Linda (2018): »The Politics of Sexual Harassment. With a New Introduction.« In: *Where Freedom Starts. Sex, Power, Violence, #MeToo. A Verso Report.* London: Verso, o.P.

Guynn, Jessica / della Cava, Marco (2017): »Harvey Weinstein Effect: Men are Getting Outed and Some are Getting Fired as Women Speak Up.« In: *USA Today,* 27 October 2017, p. B1.

Hartner, Marcus (2014): »Multiperspectivity.« In: Peter Hühn et al. (eds.): *Handbook of Narratology.* Berlin: de Gruyter, pp. 353–363.

Hausbichler, Beate (2021): *Der verkaufte Feminismus. Wie aus einer politischen Bewegung ein profitables Label wurde.* Salzburg: Residenz.

Herrmann, Freya / Klocke, Vera (2020): »›Stop Portraying Rape.‹ Die Inszenierung von sexualisierter Gewalt im Film.« In: *ffk Journal* 5, pp. 61–72.

Hess, Amanda (2017): »How the Myth of the Artistic Genius Excuses the Abuse of Women.« *New York Times,* 10 November 2017, https://www.nytimes.com/2017/11/10/arts/sexual-harassment-art-hollywood.html (last accessed: 31 October 2021).

Himmelreich, Laura (2013): »Der Herrenwitz.« In: *Der Stern* 5, pp. 46–50.

Hohl, Katrin / Stanko, Elisabeth A. (2015): »Complaints of Rape and the Criminal Justice System: Fresh Evidence on the Attrition Problem in England and Wales.« In: *European Journal of Criminology* 12.3, pp. 324–341.

Kantor, Jodi / Twohey, Megan (2017): »Sexual Misconduct Claims Trail a Hollywood Mogul.« In: *New York Times,* 06 October 2017, p. A1.

Kantor, Jodi / Twohey, Megan (2019): *She Said. Breaking the Sexual Harassment Story that Help Ignite a Movement.* London: Bloomsbury.

Kelle, Birgit (2013): *Dann mach doch die Bluse zu: Ein Aufschrei gegen den Gleichheitswahn.* Asslar: Adeo.

Khomami, Nadia (2017): »#MeToo: How a Hashtag Became a Rallying Cry Against Sexual Harassment.« *The Guardian*, 20 October 2017, https://www.theguardian.com/world/2017/oct/20/women-worldwide-use-hashtag-metoo-against-sexual-harassment (last accessed: 31 October 2021).

Kindig, Jessie (2018): »Introduction.« In: *Where Freedom Starts. Sex, Power, Violence, #MeToo. A Verso Report.* London: Verso, o.P.

Kjaerum, Morten et al. (2015): *Violence against Women: an EU-wide survey. Main results.* Vienna: European Union Agency for Fundamental Rights.

Künzel, Christine (2021): »›Weil sie nicht wusste, wie sie es in Worte fassen sollte‹ Zur Darstellung sexualisierter Gewalt in Bettina Wilperts Roman ›nichts, was uns passiert‹ (2018).« In: Dröscher-Teille, Mandy / Nitschmann, Till (eds.): *Gewaltformen / Gewalt formen. Literatur, Ästhetik, Kultur(kritik).* Paderborn: Fink, pp. 117–135.

Larsson, Stieg (2008): *The Girl with the Dragon Tattoo. Translated from the Swedish by Reg Keeland.* New York: Vintage.

Lhamon, Catherine E. et al. (2020): *Federal #MeToo: Examining Sexual Harassment in Government Workplaces. Briefing before the United States Commission on Civil Rights.* Washington, D.C.: USCCR.

Liberation (2011): »Reactions: ›Choc‹, ›bombe politique‹ et ›coup de tonnerre‹.« *Liberation*, 15 May 2011 https://www.liberation.fr/france/2011/05/15/choc-bombe-politique-et-coup-de-tonnerre_735857 (last accessed: 31 October 2021).

Lindemann, Tim (2021): »Promising Young Woman.« In: *epd film* 6, p. 70.

Miller, Chanel (2020): *Know My Name. A Memoir.* New York: Penguin.

Muzur, Lina (2018) (ed.): *Sagte sie. 17 Erzählungen über Sex und Macht.* München: Hanser Berlin.

Nicolaou, Anna (2020): »The People v Weinstein.« In: *Financial Times Weekend*, 15 February 2020, Life & Arts pp. 1–2.

*Nina Wu* (2019), dir. Midi-Z, prod. Jazzy Pictures, 102 min.

Noll, Nora (2020): »Sie muss nicht stark sein.« In: *Süddeutsche Zeitung*, 01 September 2020, p. 12.

Nowicki, Alexis (2021): »›Cat Person‹ and Me.« *Slate*, 08 July 2021 https://slate.com/human-interest/2021/07/cat-person-kristen-roupenian-viral-story-about-me.html (last accessed: 31 October 2021).

Ovid (1957): »The Art of Love. Book I.« In: Ibid.: *The Art of Love, and other Poems. With an English Translation by J.H. Mozley.* Cambridge, MA: Harvard University Press, pp. 11–65.

Pilarczyk, Hannah (2021): »Vollrausch als Waffe.« In: *Der Spiegel* 34, pp. 118–119.

Posada, Tim (2020): »#MeToo's First Horror Film. Male Hysteria and the New Final Girl in 2018's ›Revenge‹.« In: Braun, Johanna (ed.): *Performing Hysteria. Images and Imaginations of Hysteria.* Leuven: Leuven University Press, pp. 189–203.

Press, Alex N. (2017): »Sexual Harassment Is Everybody's Problem.« *Jacobin*, 07 December 2017 https://www.jacobinmag.com/2017/12/harvey-weinstein-sexual-harassment-feminism-unions (last accessed: 31 October 2021).

Price, Rosie (2020): *What Red Was.* London: Vintage.

Projansky, Sarah (2018): »From Pro-Equality to Anti-Sexual Violence. The Feminist Logics of Title IX in Media Culture.« In: Keller, Jessalynn / Ryan, Maureen E. (eds.): *Emergent Feminisms. Complicating a Postfeminist Media Culture.* New York: Routledge, pp. 126–142.

*Promising Young Woman* (2020), dir. Emerald Fennell, prod. Universal Pictures, 113 min.

Pynchon, Thomas (2013): *Gravity's Rainbow.* London: Vintage.

Reed Petty, Kate (2020): *True Story.* New York: Penguin.

Reese, Hope (2017): »#MeToo is Powerful, But Will Fail Unless We Do More. Interview with Stephanie Coontz.« In: *Where Freedom Starts. Sex, Power, Violence, #MeToo. A Verso Report.* London: Verso, o.P.

Roth, Philip (2016): *The Human Stain.* London: Vintage.

Roupenian, Kristen (2017): »Cat Person.« In: *The New Yorker*, 11 December 2017, pp. 64–71.

Royal, Ségolène (2018): *Ce que je peux enfin vous dire.* Paris: Fayard.

Sanyal, Mithu (2019): *Rape. From Lucretia to #MeToo.* London: Verso.

Schröttle, Monika et al. (2019): *Umgang mit sexueller Belästigung am Arbeitsplatz. Lösungsstrategien und Maßnahmen zur Intervention.* Berlin: Antidiskriminierungsstelle des Bundes.

Sherman, Gabriel (2017): *The Loudest Voice in the Room. How the Brilliant, Bombastic Roger Ailes Built Fox News, and Divided a Country.* New York: Random House.

Simon, Jana / Wahba, Annabel (2018a): »Im Zwielicht.« In: *Zeit Magazin* 2, pp. 16–25.

Simon, Jana / Wahba, Annabel (2018b): »Der Schattenmann.« In: *Die Zeit* 5, pp. 13–15.

Srinivasan, Amia (2019): *The Right to Sex.* London: Bloomsbury.

Taine, Hippolyte (1863): »Introduction.« In: *Histoire de la littérature anglaise, tome I.* Paris: Hachette, pp. iii–xlviii.

*The Assistant* (2019), dir. Kitty Green, prod. Bleecker Street, 87 mins.

*The Loudest Voice* (2019), cr. Tom McCarthy, Showtime, 7 episodes.

*The Morning Show* (2019), cr. Kerry Ehrin, Apple+, 10 episodes.

Tuil, Karine (2019): *Les choses humaines.* Paris: Gallimard.

van Schaik, Carel / Michel, Kai (2020): *Die Wahrheit über Eva. Die Erfindung der Ungleichheit von Frauen und Männern.* Hamburg: Rowohlt.

Wilpert, Bettina (2018): *Nichts, was uns passiert.* Berlin: Verbrecher Verlag.

*Nicole Rettig*

# Kunststoffliteratur

ABSTRACT: Obwohl Plastik viele Vorteile hat, konnte es sein schlechtes Image nie ganz abschütteln. Doch noch nie zuvor stand das Material so sehr unter Beschuss wie zurzeit. Ausgehend von gegenwärtig geführten Kunststoffdebatten werden in einem schnellen Durchlauf einige einschlägige Publikationen zur Thematik vorgestellt. Anschließend wird der Korpus der noch zu schreibenden (deutschsprachigen) Literaturgeschichte der Kunststoffe in groben Zügen abgesteckt. Im letzten Teil wird anhand des Romans *Alles Plastik* (1998) von David Flusfeder vorgeführt, wie ›literarische Kunststoffbearbeitung‹ aussehen kann.

Although plastic has many advantages, it has never quite been able to shake off its bad image. But never before has the material been under so much fire as it is right now. Starting from current plastic debates, a few relevant publications on the subject are presented in a quick run-through. Subsequently, the corpus of the yet-to-be-written history of (German) literature on plastic is outlined in broad strokes. In the final section, the novel *Alles Plastik* (1998) by David Flusfeder is used to demonstrate what ›literary treatment of plastics‹ might look like.

KEYWORDS: Plastik, Kunststoff, Literaturwissenschaft, Design, Materielle Kultur

## 1. Plastik – ein brisanter Stoff

Plastik ist in aller Munde, möglicherweise als Zahnfüllung aus Kunststoff, vielleicht aber auch in Form von Wegwerfartikeln wie Plastiktrinkhalmen, die seit dem 03.07. 2021 in der EU weder produziert noch verkauft werden dürfen[1] und daher nur mehr als Restbestände in Haushalten kursieren. In erster Linie wird hier jedoch auf die omnipräsente Kritik an einem Material angespielt, welches die Welt in den vergangenen Jahrzehnten in einer atemberaubenden Geschwindigkeit eroberte. Dabei hatte es Kunststoff selten leicht. Stets gab es Vorbehalte gegenüber diesem Werkstoff, der doch eigentlich unheimlich vielseitig und ungeheuer praktisch ist. Gerade die Publikationen der frühen Jahre des Kunststoffbooms zeichnen sich durch einen euphorischen Grundton aus. So sprach etwa der Chemiker Karl Mienes in seiner Begeisterung für das schillernde Material vom »Plasticaeum«,[2] also vom Kunststoffzeitalter. Inzwischen

---

1   Vgl. Presse- und Informationsamt der Bundesregierung (2021): Einweg-Plastik wird verboten. Die Bundesregierung: https://www.bundesregierung.de/breg-de/themen/nachhaltigkeitspolitik/ein wegplastik-wird-verboten-1763390. (17.05.2022)

2   Mienes, Karl (1965): Das Plasticaeum. Über Kunststoffe (Plastics) und ihre Wegrichtung. Essen: Girardet. Die *Digital Designerin* Simone Glück nimmt den von Mienes geprägten Begriff in ihrer

sind die Zeiten, in denen mehr oder weniger unbeschwert und frei mit Plastik hantiert wurde, unzweifelhaft vorbei, denn so viele Vorteile Kunststoff auch hat, die Nachteile wiegen schwer: Aus Erdöl, Erdgas oder Kohle produziert und mit allerlei chemischen Zusatzstoffen versehen, gelangt es in unzähligen Formen in den Warenkreislauf. Manches davon landet auf einer der zahllosen Mülldeponien, anderes wird illegal entsorgt, achtlos auf die Straße oder in die Landschaft geworfen. Die Plastikströme, ob frei flottierend und mäandernd oder kanalisiert, haben ein gigantisches Ausmaß erreicht. Plastik ist überall und es verschwindet nicht.[3]

Wie brisant das Thema ›Kunststoff‹ gegenwärtig ist, lässt sich anhand einer Vortragsreihe verfolgen, die vom Collegium generale der Universität Bern im vergangenen Jahr veranstaltet wurde. Unter dem Titel »Plastik – Magische Materie und globale Last« wurde das Material aus Sicht verschiedener Disziplinen beleuchtet, darunter Chemie, Geschichte, Kunst, Archäologie, Psychologie, Technik, Ökonomie und Recht.[4] Ein weiterer Anzeiger für die Aktualität des Themas ist die Ausstellung *Plastik. Die Welt neu denken*, welche derzeit im Vitra Design Museum in Weil am Rhein zu sehen ist. Hinzu kommen der Kinofilm *Die Pfefferkörner und der Schatz der Tiefsee* (2020), in dem sich Jungdetektiv*innen auf die Suche nach einer verschwundenen Meeresbiologin machen, die an einem Forschungsprojekt über Plastikmüll im Ozean arbeitet, sowie das Theaterstück *Nalu und das Polymeer* (2016) von Martina van Boxen. Im ZEIT-Podcast »Alles gesagt?« wird jeder Gast danach gefragt, ob er zu einer plastikfreien normalen Gurke oder zu einer eingeschweißten Bio-Gurke greifen würde. Die Antwort kommt oft zögerlich, weil diese Konstellation besonders vertrackt ist. Ist konventionelle Landwirtschaft schlimmer als der Verbrauch einer Plastikverpackung? Eventuell fällt den Antwortenden in der Befragungssituation auch ein, dass Gurken, die nicht in Plastik eingehüllt sind, beim Transport schneller beschädigt werden und deshalb eher faulen. Das wiederum heißt, dass die plastikfreie Variante durchschnittlich früher auf dem Kompost landet als die zum Schutz eingeschweißte Gurke. Vielleicht ist es also doch sinnvoller, sich für die Plastikvariante zu entscheiden. Überlegungen wie diese haben in der Welt der Werbung natürlich keinen Platz. Dort wimmelt es seit einiger Zeit von

---

Abschlussarbeit auf, einer interaktiven Reise durch die Geschichte des Kunststoffs. Mit *Plasticaeum – a travel through the age of plastics* gewann sie den *DDC University Award 2019* sowie den *ADC Junior Award 2020*. Vgl. Website der Designerin: https://www.simoneglueck.com/project/plasticaeum, Hochschule Augsburg: https://showcase.hs-augsburg.de/2019/plasticaeum. (17.05.2022)

3   Aktuelle Daten und Fakten zur Welt der Kunststoffe finden sich z.B. im Ausstellungskatalog *Plastik. Die Welt neu denken* (2022).

4   Fast alle Vorträge können auf der Website der Universität Bern angesehen werden: https://www.unibe.ch/universitaet/universitaet_fuer_alle/collegium_generale/ringvorlesungen/fruehere_ring vorlesungen/vorlesungsreihen_detailseiten/plastik__magische_materie_und_globale_last_hs_2021/index_ger.html. (17.05.2022)

Produkten aus recyceltem Material in umweltfreundlichen Verpackungen, die angeblich leicht zu recyclen sind. Weil sich ›grün‹ bestens verkauft, finden sich auf Hüllen und Zetteln überall Siegel, die versprechen, dass es sich bei dem ausgewählten Produkt garantiert um ein nachhaltig produziertes handelt. Auch die zahlreichen Presseartikel etwa über Mikroplastik, Plastikströme und Bioplastik sind ein untrügliches Zeichen für die Dringlichkeit des Plastikproblems. Gibt man bei Google das Stichwort ›Kunststoff‹ ein, liefert die Suchmaschine ca. 116 Mio. Ergebnisse. Wer nach ›Mikroplastik‹ sucht, bekommt ›Mikroplastik im Körper/in Kosmetik/im Blut‹ vorgeschlagen. Plastik ist unzweifelhaft zur *persona non grata* unter den Materialien geworden. »Wie hast Du's mit dem Plastik?« ist die Gretchenfrage des 21. Jahrhunderts. Nicht nur Umweltaktivist*innen gehen heute in Unverpackt-Läden einkaufen, haben Jutebeutel, tragen Pullover aus Biobaumwolle, trinken Tee aus Porzellanbechern und sitzen auf den alten Holzstühlen ihrer Oma. Dabei hatten die Plastikvermeider*innen noch vor einigen Jahren unbedarft mitgesungen, wenn im Radio das Lied »Barbie Girl« der dänischen Popband Aqua lief: »I'm a Barbie Girl, in the Barbie world / Live in plastic, it's fantastic«.[5] Heute ist plastikfrei *hip*, nachhaltiger *livestyle* gleichsam ein Muss. Gefragt sind nicht nur Bioqualität und Regionalität, sondern auch Recyceltes und Recycelbarkeit — oder besser noch: ›ohne Plastik‹. Wie es gelingt, nicht noch mehr Plastikmüll zu erzeugen, ist den vielen zuletzt erschienenen Ratgebern zu entnehmen, die mit allerlei Tipps zur Plastikvermeidung aufwarten. Zu dieser Ratgeberflut zählen die folgenden Titel: *Besser leben ohne Plastik* (2016) von Anneliese Bunk und Nadine Schubert, *Ohne Wenn und Abfall. Wie ich dem Verpackungswahn entkam* (2017) von Milena Glimbovski, *Wie wir Plastik vermeiden … und einfach die Welt verändern* (2018) von Will McCallum, *Schluss. Mit. Plastik. Was du konkret tun kannst, um den Wahnsinn zu stoppen. 30 Zwei-Minuten-Lösungen* (2019) von Martin Dorey, *Zero Waste. Weniger Müll ist das neue Grün* (2019) von Shia Su, *Bye-Bye Plastik! Besser leben ohne Kunststoff* (2019) von Sophie Noucher, *Für eine Umwelt ohne Plastik* (2020) von Neal Layton, *Die Klima-Checker. Schluss mit Plastik* (2020) von Veronika Wiggert oder *Alles über Plastik. Über 55 schlaue Fragen zum Thema Kunststoff und Recycling* (2020) von Katie Daynes. Wer nicht nach Kinder- oder Ratgeberliteratur, sondern eine Überblicksdarstellung sucht, wird ebenfalls fündig. Zuletzt erschienen sind die sich zwischen Sach- und Fachbuch bewegende *Kleine Geschichte der Kunststoffe* (2017[6]) von Dietrich Braun, die konzise Schilderung *Plastik. 100 Seiten* (2019) von Pia Ratzesberger sowie *Plastik. Der große Irrtum* (2020) von Stefan Schweiger.

Diese Auflistung ließe sich problemlos verlängern. Sie ist nicht nur Ausdruck einer gesteigerten Kunststoff-Aufmerksamkeit, sie zeigt auch, wie drängend das Thema

---

[5] https://www.youtube.com/watch?v=ZyhrYis509A. (19.06.2022) Ich bedanke mich sehr herzlich bei Annika Völk für diesen musikalischen Hinweis.

[6] Die erste Auflage erschien 2013.

›Plastik‹ inzwischen ist und wie dringend Lösungen für die vielfältigen Plastikprobleme gefunden werden müssen. Auffallend ist, dass sich ein großer Teil der Beiträge an Kinder und Jugendliche richtet. Hinter den Publikationen steht die Einsicht, dass Plastik ein Problemstoff ist, der nicht länger bedenkenlos konsumiert werden kann. Weil also mit dem unreflektierten und ungezügelten Plastikverbrauch endgültig Schluss sein muss, werden nun schon die Jüngsten an einen zurückhaltenden, bedachten und problemorientierten Umgang mit dem Stoff aus dem Chemielabor herangeführt. Indes wird von den Erwachsenen, die sich schon so sehr an die Annehmlichkeiten des Plastiks gewöhnt haben, nicht nur ein Umdenken, sondern gerade auch ein neues Handeln gefordert. Entsprechend schlagen Ratgeber diverse Strategien vor, wie Plastik im Alltag vermieden werden kann. Die Zukunft, so der Tenor, wird nicht frei von Plastik sein, aber zumindest weniger voll davon.

Kritik am Plastik ist jedoch nicht allein ein Phänomen unserer Tage. Kunststoff bot, um im Begriffsfeld der Brisanz zu bleiben, schon früh Zündstoff. So war beispielsweise bereits in den 1930er Jahren von einer Cellophan-Seuche die Rede, und zwar nicht nur, weil alles Erdenkliche mit der Plastikfolie umhüllt wurde, sondern auch, weil sich das auf die Straße geworfene Verpackungsmaterial nicht auflöste und deshalb die Kanalisation verstopfte. Demgegenüber nehmen sich die von Technikapologet*innen verfasste Monografien, wie etwa das vom Ingenieur, Wissenschaftsjournalist und Science-Fiction-Autor Hans Dominik verfasste Sachbuch *Vistra. Das weiße Gold Deutschlands* (1936), wie Werbekampagnen für einen Wunderstoff aus. Dieser und andere Kunststoff-Beiträge werden im Folgenden in knapper Form vorgestellt. Die Zusammenstellung, die buntscheckig und womöglich kontingent, ja sprunghaft erscheinen mag, ist in ihrer Selektivität und Skizzenhaftigkeit durchaus gewollt, da es zunächst einmal nur darum gehen kann bzw. soll, in einem schnellen Durchlauf aufzuzeigen, dass es sich bei Plastik um ein nicht nur gegenwärtig beachtetes Material handelt. In einem ersten Schritt wurde die Aktualität der Thematik akzentuiert. Nun steht ein Blick in die Geschichte des Materials, seine historische Darstellung und Rezeption an. Es soll verdeutlicht werden, dass Plastik ein schillernder Stoff ist, an den sich Hoffnungen, Möglichkeiten und Utopien ebenso binden wie Gefahren, Risiken und Ängste. Dem Kunststoff wird also auf breiter Front begegnet, eine Begegnung, die zusammen mit den sich anschließenden Überlegungen zur fiktionalen Kunststoffliteratur den Hintergrund bildet für die Analyse des Romans *Alles Plastik* von David Flusfeder.


## 2. Plastik ist für alle(s) da: ein Streifzug

Auf der Website der Bundeszentrale für politische Bildung (bpb) kann der 2009 produzierte Film *Plastic Planet* des österreichischen Regisseurs Werner Boote angesehen werden.[7] Der Filmemacher nimmt die Zuschauer*innen mit auf eine Reise durch das Plastikzeitalter. Sie beginnt in den 1960er Jahren, also in jener Zeit, in der Kunststoff immer mehr Bereiche eroberte. Plastik ist in der Dokumentation vor allem eines: ein Problemstoff, der keine Grenzen kennt, der überall zu finden ist, auch und insbesondere dort, wo er nicht hingehört – dabei hatte alles so schön angefangen in der Kindheit mit dem vielen bunten Plastikspielzeug. Nun türmt sich der Kunststoff auf zu Müllbergen, schädigt Mensch und Umwelt. Bei aller Kritik solle es jedoch, so Boote in einem Interview, nicht darum gehen, Plastik gänzlich zu verbannen, sondern darum, bewusst zu konsumieren.[8]

Ebenfalls auf den Seiten der bpb zu finden ist die 2014 erschienene Ausgabe des Magazins *fluter*, die dem Thema ›Plastik‹ gewidmet ist. Im Editorial werden die Leser*innen über den immensen Plastikverbrauch aufgeklärt:

> Alles so schön bunt hier – und es wird immer bunter: Von 1950 bis 2012 ist die weltweite Plastikproduktion durchschnittlich um gut 8,6 Prozent pro Jahr gewachsen. Das heißt von 1,7 Millionen Tonnen auf 288 Millionen Tonnen. 2009 wurde ein Drittel der Kunststoffe in Deutschland für Verpackungen verwendet. 25 Prozent verbrauchte die Baubranche, gefolgt von der Fahrzeug- und Elektroindustrie. Knapp vier Prozent entfielen auf die Herstellung von Möbeln. Wie viel Kunststoff zu aufblasbarem Spielzeug wurde, ließ sich leider nicht herausfinden.[9]

Nachzulesen ist dort beispielsweise auch, dass im Jahr 2010 in Deutschland jede*r im Schnitt 64 Plastiktüten verbrauchte, dass eine Plastiktüte durchschnittlich 25 Minuten in Gebrauch ist und je nach dem, aus welchem Kunststoff sie gefertigt wurde, 100 bis 500 Jahre benötigt, um zu zerfallen.[10]

1997 erschien die Kulturgeschichte *Plastic. Unser synthetisches Jahrhundert* von Stephen Fenichell.[11] Der Autor nimmt zwar nicht ausschließlich, aber vor allem die Vorgänge in Amerika in den Blick. Im einleitenden Kapitel, das den Titel »Plastikland« trägt, bemerkt Fenichell, dass Kunststoff seit dem Ende des 2. Weltkriegs unablässig,

---

7   https://www.bpb.de/lernen/filmbildung/189230/plastic-planet/. (27.05.2022)

8   Vgl. Rettig, Sascha (2010): Interview – »Der Film ist meine Entdeckungsreise«. Ein Gespräch mit Werner Boote über die Entstehung seiner Dokumentation *Plastic Planet* und über das, was er damit erreichen möchte. Bundeszentrale für politische Bildung: https://www.bpb.de/lernen/filmbildung/189245/interview-der-film-ist-meine-entdeckungsreise/. (27.05.2022)

9   Schilling, Thorsten (2014): Editorial. In: fluter 52, S. 3.

10  Vgl. Ludwig, Jan (2014): Kunststoffe sind ein Traum für Chemiker: Wer nur lange genug kocht und rührt, findet womöglich ein Rezept für Plastik. Denn die Geschichte der Kunststoffe ist auch eine Geschichte der glücklichen Zufälle. In: fluter 52, S. 6–7, hier S. 7.

11  Die Originalausgabe erschien bereits ein Jahr zuvor unter dem Titel *Plastic. The Making of a Synthetic Century.*

teils sogar unsichtbar in unser aller Leben eindringe, weshalb zu Recht behauptet werden könne, dass wir inzwischen im Plastikzeitalter leben, zumal die weltweite Herstellung von Kunststoff jene des Stahls bereits 1979 übertroffen habe. Der Triumph des Plastiks sei ein »Sieg der Verpackung über das Produkt, des Stils über die Substanz und der Oberfläche über das Wesentliche«.[12] Kunststoff stehe für Künstlichkeit und Verfügbarkeit. Zwar sei es eine wunderbare, eine fantastische Substanz, doch bei aller Euphorie angesichts der unendlich erscheinenden Möglichkeiten des Plastiks habe sich das Material nie von seinem schlechten Image als billiger Ersatzstoff lösen können. Es habe die Natur zu einem Luxusgegenstand gemacht, weil pausenlos billig wirkende Geschmacklosigkeiten aus dem künstlich erzeugten Material auf den Markt geworfen worden seien. Nun könnte ein*e Liebhaber*in des Werkstoffes einwerfen: »Was macht das schon. Die Hauptsache ist doch, dass Plastik unschlagbar günstig ist und deshalb jede*r alles haben kann und davon dann auch sehr viel«.

Das wiederum erinnert an den provokanten Ausruf »Nicht ein Design für alle, nein, viel Design für viele!«[13] der Designergruppe Kunstflug, zu der Heiko Bartels, Gerhard Fischer, Charly Hüskes und Harald Hullmann gehören. In ihrem programmatischen Text »Kunstflug über Ulm und anderso«, der Mitte der 1980er im *Kunstforum International* erschien, attackieren die vier die »Form-Follows-Function-Gemeinde rund ums Ulmer Gute-Form-Haus«,[14] womit die nur wenige Jahre, nämlich von 1953 bis 1968, bestehende Hochschule für Gestaltung (HfG) auf dem Ulmer Kuhberg gemeint ist, deren erster Direktor Max Bill war.[15] Unmittelbar vor dem oben zitierten Diktum teilen die Designer dies mit:

> Heavy Styling statt Gute Form, Airkraft statt Sabbel-Babbel-Plast, KUNSTFLUG statt Blindflug. Die auf den Akademien Gemaßregelten werfen den Ballast ab und starten durch: kraftvoll, symboltriefend, anstößig und schamverletzend.
> Neonring im Eichenstamm, Sandtisch mit Propangaslohe, Brokat-Power im Plastikpneu, Naturholzschrein, Samt, Gold und Lightshow. Echtes und Rechtes, Imitat und Laminat![16]

---

12  Fenichell, Stephen (1997): Plastic. Unser synthetisches Jahrhundert. Berlin: Rütten & Loening, S. 13.

13  Bartels, Heiko/ Fischer, Gerhard/ Hüskes, Charly et al. (1985): Kunstflug über Ulm und anderswo. In: Breuer, Gerda/ Eisele, Petra (Hgg.) (2020): Design. Texte zur Geschichte und Theorie. Stuttgart: Reclam, S. 178−181, hier S. 180.

14  Bartels: Kunstflug, S. 178.

15  Konsequenterweise machten die Designer dann auch nicht Halt vor einer Design-Ikone aus Ulm, dem »Ulmer Hocker«, welcher u.a. von Max Bill entwickelt wurde. Ihre Interpretation nannten sie »Max Schrill« (https://www.deutsche-digitale-bibliothek.de/item/XILBX2AGCOBZGIVE TIMS7QXBU3W3RYEH. 27.05.2022).

16  Bartels: Kunstflug, S. 180.

Hier schimmert durch, dass Plastik in den 1980er Jahren im Design schon längst angekommen war. Genau diesen Umstand dokumentiert die im Vitra Design Museum gezeigte Ausstellung *Deutsches Design. 1949– 1989. Zwei Länder, eine Geschichte*, welche im vergangenen Jahr besucht werden konnte. Im begleitenden Ausstellungskatalog ist beispielsweise Campinggeschirr aus Melaminharz (1957/58) von Hans Merz abgebildet. Auch Gießkannen aus Polystyrol (1959) von Klaus Kunis sind zu sehen. Nicht fehlen darf natürlich der Trabi. Ebenfalls betrachtet werden können Walter Zeischeggs aus Melanin-Formaldehydharz bestehender Aschenbecher »Sinus« (1966/67), der auch als »Ulmer Welle« bezeichnet wird, Egon Eiermanns aus glasfaserverstärktem Polyester gefertigter Telefontisch für den Deutschen Bundestag in Bonn (1968) oder Ernst Möckels Polyurethan-Stuhl »Känguruh« (1971), der auch als »Z-Stuhl« bekannt ist. Angesichts von Vladimir Putins jüngst vorgebrachten Drohungen erschreckend aktuell ist ein u.a. aus PVC-beschichtetem Nylongewebe bestehender Schutzanzug, der Mitte der 1960er Jahre von Frank Hess entworfen wurde. Das Kleidungsstück soll seine Träger*innen vor dem Eindringen radioaktiver Teilchen in den Körper bewahren.[17]

Neben den Abbildungen von Plastikobjekten ist besonders ein Katalogbeitrag hinsichtlich der Bedeutung und Funktion von Plastik aufschlussreich. Gemeint ist der Aufsatz »Plaste, Gestaltung und Sozialismus in Ostdeutschland« von Eli Rubin. Der Historiker hält darin einleitend fest:

> Bundesbürger, die mit dem Auto durch Ostdeutschland fuhren, fanden es unheimlich und skurril, dass ihre Vettern auf der anderen Seite des Eisernen Vorhangs anscheinend so viel Aufhebens um ein so banales und offen gesagt billiges Material wie Kunststoff machten. Doch für die Ostdeutschen war Plaste, wie sie es nannten, tatsächlich ein wichtiges Material. Es stand für die Verheißung einer sozialistischen, auf neuester Technologie gegründeten Zukunft. Im Osten war es gleichbedeutend mit Utopie, Sozialismus und Fortschritt, im Westen mit billigem Abklatsch, Umweltverschmutzung und einer Konsumkultur der weniger begüterten Schichten. Wobei allerdings die leichte Formbarkeit des Kunststoffs dafür sorgte, dass es von einer Designerelite auch im Westen als Einladung zu Verspieltheit, Kreativität und einer ganz anderen Art des

---

17 Der Student entwickelte das Kleidungsstück im Rahmen seiner Diplomarbeit in der Abteilung »Produktgestaltung« an der HfG Ulm. Zur Arbeit mit Kunststoffen an der HfG Ulm siehe: Seckendorff, Eva von (2003): Wir schmeißen die Gold- und Silberschmiede raus und richten ein Kunststofflabor ein! In: Rinker, Dagmar (Hg.): Ulmer Modelle – Modelle nach Ulm. Hochschule für Gestaltung Ulm 1953–1968. Ostfildern-Ruit: Hatje Cantz, S. 100–105. Die HfG Ulm ist ein Beispiel dafür, dass es schon früh einen Austausch zwischen Industriedesigner*innen und chemischer Industrie wie der BASF gab. Letztere gründete 2006 die sogenannte designfabrik\R, wo u.a. die Möglichkeiten neuer Kunststoffe ausgelotet werden. Hierzu: Grossmann, Yves Vincent (2018): Von der Berufung zum Beruf. Industriedesigner in Westdeutschland. 1959– 1990. Bielefeld: transcript, v.a. S. 66–94.

Umgangs mit Form und Stoff begrüßt wurde [...]. Dass Plaste oder Plastik als Material so gegensätzlich wahrgenommen wurde, erzählt von einem Kapitel der deutschen Zeitgeschichte und von der Verflechtung politischer Ökonomie mit der Geschichte moderner Gestaltung.[18]

Teil ebendieser Verstrickungen seien diverse Erziehungsprogramme gewesen, mit denen die Ostdeutschen geradezu überschwemmt worden wären. Vor allem zwei Bücher hätten die Botschaft unters Volk gebracht, dass Plastik der Inbegriff des Fortschritts sei. Die Rede ist von *Unsere Welt von morgen* (1959), verfasst von Karl Böhm und Rolf Dörge, sowie vom Sammelwerk *Weltall, Erde, Mensch* (1954). Beide Bücher wurden üblicherweise zur Jugendweihe verschenkt.

Daneben erschien eine Reihe weiterer Kunststoff-Bücher, die heute nur noch antiquarisch erhältlich sind. Dazu zählen das bereits erwähnte Buch *Vistra* (1936) von Hans Dominik, das populärwissenschaftliche Buch *Wir bauen eine neue Welt. Das Buch der Kunststoffe und Chemiefasern* (1957) von Josef Hausen sowie der schmale Band *Cellophan. Erfindung und Welterfolg* (1956) von Franz Ulrich Gass. Diese drei Publikationen stehen paradigmatisch für die Bemühungen früher Kunststoff-Akteur*innen, die die Welt der Kunststoffe für Lai*innen öffnen wollten. Die Begeisterung sollte auf ein breites Publikum überschwappen. Entsprechend wird ein äußerst positives Kunststoffbild gezeichnet, aus dem der unbedingte Glaube an die Leistungen der chemischen Industrie spricht. Um ebendies zu veranschaulichen, genügt ein kurzer Blick in diese Sachbücher.

Hans Dominik schreibt die Geschichte der Kunstfaser Vistra als Erfolgsgeschichte, die jedoch alles andere als störungsfrei und geradlinig verlief. Vielmehr galt es, zahlreiche Hindernisse aus dem Weg zu räumen. Ehe sich die künstlich erzeugte Faser, deren Entwicklung Teil nationalpolitischer Autarkiebestrebungen war, auf dem Markt durchsetzen konnte, musste an den verschiedensten Fronten gekämpft werden. So betont Dominik beispielsweise, dass die Vistrafaser anfangs mit größter Skepsis beäugt wurde. Aus seinen Schilderungen geht hervor, dass natürliche Materialien starke Konkurrenten für die Kunstfaser waren. Es seien verschiedenste Aufklärungskampagnen nötig gewesen, um die Menschen von dem unbekannten Stoff zu überzeugen. Damals griffen die Kund*innen zu Wolle, Baumwolle, Flachs oder Seide. Die Vor- und Nachteile dieser Materialien waren ebenso bekannt wie die Möglichkeiten ihrer Verarbeitung und Pflege. Die jahrelange Erfahrung im Umgang mit den Naturstoffen schaffte Wissen und Vertrauen. Warum sollte man zu Neuem greifen, wenn sich das

---

18    Rubin, Eli (2021): Plaste, Gestaltung und Sozialismus in Ostdeutschland. In: Vitra Design Museum/ Kunstgewerbemuseum, Staatliche Kunstsammlungen Dresden/ Wüstenrot Stiftung (Hgg.): Deutsches Design (1949–1989). Zwei Länder, eine Geschichte. Weil am Rhein: Vitra Design Museum, S. 162–171, hier S. 162.

Bekannte bewährt hat? Wie es den Vertreter*innen der chemischen Industrie gelang, die Ängste und Sorgen der Verbraucher*innen abzubauen und sie für den Kunst-Stoff zu begeistern, schildert der Sachbuchautor anschaulich im 8. Kapitel, das den »Neuen Wegen der Werbung« gewidmet ist. Der Clou des Buches ist eine kleine Beigabe: ein transparentes Tütchen mit einer Vistraflocke darin. Weil sie da aber so zusammengepresst liegt, vermag sie kaum den Eindruck von angenehmer Flauschigkeit zu vermitteln. Wohl deshalb liegt die eingepackte Flocke direkt neben einer Fotografie, die ein weißes, aufgebauschtes Knäuel zeigt, darunter die Beschreibung: »Das weiße Gold Deutschlands, eine weiße, weiche, seidige Vistraflocke, die, dem Geist deutscher Techniker entsprungen, immer mehr an die Stelle von Baumwolle und Wolle tritt«.[19] Am Ende, bevor die Leser*innen das Buch ein letztes Mal zuschlagen, verrät der Autor dann noch, dass der Einbandstoff des Buches aus reinem Vistragewebe gemacht ist. Hier handelt es sich also im wahrsten Sinne des Wortes um Kunststoff-Geschichte zum Anfassen.

Der Chemiker Josef Hausen erzählt in seinem reich bebilderten Sachbuch *Wir bauen eine neue Welt*, in welchem es um Irr-, Ab- und Umwege, um Zufälle und Fügungen in der Geschichte der Kunststoffe geht, das Märchen einer bösen Fee. Mithilfe der kurzen Geschichte macht der Autor spielerisch deutlich, dass ein Leben ohne Plastik nicht mehr denkbar ist – das Buch ist wohlgemerkt bereits in den 1950er Jahren erschienen. In wie vielen Produkten der künstliche Stoff steckt, zeigt der Auflösungsprozess, den die Fee in Gang setzt und der folgendermaßen abläuft:

Im Bad ging alles los. Da löste sich der Duschvorhang in nichts auf, denn er war aus Plastikfolie; von den vielen Bürsten blieben weder die Borsten, die aus Perlon bestanden, noch die Griffe, die aus einem zelluloidartigen Kunststoff fabriziert waren, übrig, die Kämme folgten ihnen ins Nichts, der Rasierapparat, ein moderner elektrischer Trockenrasierer, hinterließ nur einen Wust von Metallteilen, die Kacheln – es waren Kunststoffplättchen – fielen von den Wänden und zergingen, die Baderoste aus Preßholz lösten sich in feine Holzfolien auf, denn sie waren mit Kunstharz wasserfest verleimt, selbst der Bodenbelag, farbenfroh gemustert in Plastikfliesen, fiel dem Fluch der Fee zum Opfer. Zahlreiche Büchsen und Fläschchen schütteten ihren Inhalt in den Raum, die Armaturen an den Geräten ließen nur noch häßliche Lücken, und die hübschen elfenbeinfarbenen Platten in der Nische, die das Licht der Leuchtstofflampen hindurchfallen ließen [...], waren plötzlich wie weggeblasen.
Doch war all dies erst der Anfang. Viel schlimmer noch ging es in der Küche zu.[20]

---

19   Dominik, Hans (1936): Vistra, das weiße Gold Deutschlands. Die Geschichte einer weltbewegenden Erfindung. Leipzig: Hase & Koehler, o.S.

20   Hausen, Josef (1957): Wir bauen eine neue Welt. Das Buch der Kunststoffe und Chemiefasern. Berlin: Safari, 21f.

Vermutlich sind sich die meisten Leser*innen damals wie heute nicht darüber bewusst, dass erschreckend viele Dinge, die uns umgeben, zumindest zu einem Teil aus Plastik bestehen. Insofern öffnet dieses Märchen die Augen. Es zeigt, wie sehr unser Alltag geprägt ist von Plastik, diesem Stoff, der uns so nah ist und über den wir doch so wenig wissen.

Auch Franz Ulrich Gass packt die Plastifizierung der Welt[21] in eine kurze Geschichte, genauer gesagt in die Beschreibung eines Spiels, welches sowohl der Unterhaltung als auch der Fortbildung dienen soll: das sogenannte Erdkugelspiel, bei dem eine Nadel in einen sich drehenden Globus gestochen werden muss. »Wer immer«, schreibt Gass, „bei diesem Globusspiel nicht ins Meer, sondern auf menschliche Ansiedlungen trifft, kann im Brustton der Überzeugung sagen: »Hier gibt es auch Cellophan«.[22] Natürlich macht, so muss ergänzt werden, Cellophan nicht an den Grenzen von Dörfern, Städten und Kontinenten, nicht an den Rändern der Zivilisation Halt. Vielmehr strömt es in die entlegensten Winkel des Erdballs und schwebt vermutlich auch im All. Überhaupt herrscht in den frühen Publikationen ein unterhaltsam-aufklärerischer Ton, der getragen ist von Euphorie und dem Glauben an einen Werkstoff mit scheinbar unbegrenzten Möglichkeiten. Was Gass in seinem Buch über Cellophan ausblendet, nämlich den Fakt, dass die Folie nicht nur nützlich, sondern auch lästig ist, kommt in einem Artikel zur Sprache, der 1936 in der *Zürcher Illustrierten* erschienen ist. »In Amerika«, wird berichtet,

> entstand eine Cellophan-Seuche, es gab kaum mehr einen Gegenstand, der nicht in dieser Verpackung präsentiert wurde. ›Von einer calamité publique‹, lacht Dr. Brandenberger, ›hat man mir bei meinem letzten Besuch in New York erzählt, da die Leute das Cellophan auf die Straße werfen und es, da es sich nicht auflöst, die Gullys verstopft‹.[23]

Während der Erfinder des Cellophans die Plastikseuche noch mit einem Lachen beiseite wischt, während also die Müllproblematik hier noch lapidar, ja anekdotenhaft daherkommt, ist sie heute Ausgangspunkt zahlreicher Diskussionen, Berichte und Buchpublikationen, in denen u.a. Plastikvermeidungsstrategien präsentiert werden. Der Blick ist kritisch geworden. Vorbei sind die Zeiten – zu hoffen wäre es jedenfalls –, in

---

21  Von dieser sprach bereits Roland Barthes in seinem oft zitierten Plastik-Essay [1957] (2020), zu finden in: Mythen des Alltags. Vollständige Ausgabe. Aus dem Französischen von Horst Brühmann, Berlin: Suhrkamp, S. 223–225.

22  Gass, Franz Ulrich (1956): Cellophan. Erfindung und Welterfolg, hrsg. zum 50 jährigen Arbeitsjubiläum von Adolf Todt bei der KALLE & Co. Aktiengesellschaft Wiesbaden-Biebrich 29./30. Juni 1956, Eßlingen: Kalle, S. 7.

23  O.N. (1936): Cellophan. Der Erfinder: ein Schweizer. In: Zürcher Illustrierte 12, S. 1166–1186, hier S. 1182.

denen Plastik unbeschwert konsumiert und bedenkenlos fortgeschmissen wurde, wie noch auf einer Fotografie von Peter Stackpole aus dem Jahr 1955, auf der eine junge Familie zu sehen ist, die Plastikartikel in die Höhe wirft und all dem Umherfliegenden halb staunend, halb heiter nachblickt. Inszeniert wird hier, was heute undenkbar ist: das »Throwaway Living«.[24]

Nur wenige Jahre nach dem Erscheinen dieser Aufnahme, nämlich im Jahr 1959, fand in Düsseldorf eine Kunststoffmesse statt, auf der ein Unternehmen einen in Anlehnung an *Alice im Wunderland* entworfenen »Zaubergarten der Kunststoffe« präsentierte. Dort gab es nicht nur fantastische Plastik-Gewächse zu sehen, die Besucher*innen konnten auch dieses Gedicht lesen:

Alice, die Kunststoffe nicht kennt,
hört Handelsnamen ohne End‹:
[…]
Ach, liebe Alice, hör' mich an,
Du kaufst doch auch oft Porzellan.
Hier lockt dich sicher allzumal.
Ob Meißen, Arzberg, Rosenthal,
auch Hutschenreuther, Nymphenburg;
die Marke ist's, berühmt wodurch
Du sicher kaufst; was schert es Dich,
welch Sorte Karolin und Spat
und Quarz der Fabrikant wohl hat?
Jedoch beim Kunststoffgegenstand
gerätst Du außer Rand und Band,
wenn Dir nicht gleich ersichtlich ist,
wes Rohstoff Käufer Du nun bist.
[…]
Kaufst Haushaltsgegenständ' Du ein,
dann schützt Dich nur vor Trug und Schein,
kennst Du den Namen und den Stand
des Fertigwaren-Fabrikant'.
Nach dessen Markennamen frag',
dann hast Du Ruhe alle Tag'![25]

---

24  Bilder von Plastik 1850-heute, in: Kries, Mateo/ Eisenbrand, Jochen/ Hoffmann, Mea et al. (Hgg.) (2022): Plastik. Die Welt neu denken. Weil am Rhein: Vitra Design Museum, S. 70.
25  Braun, Dietrich (2017): Kleine Geschichte der Kunststoffe. München: Carl Hanser, S. 18f.

Mit diesen Zeilen wird auf humorvolle Weise das damals grassierende Handelsnamen-Chaos kritisiert. Die Wortneuschöpfungen florierten damals zusammen mit der Kunststoffbranche. Hermann Staudinger (1881–1965), der den Begriff »Makromolekül« prägte und 1953 den Nobelpreis erhielt, trug entscheidend dazu bei, dass Kunststoffe systematisch entwickelt werden konnten. Nun, da der Aufbau hochmolekularer Stoffe entschlüsselt war und gezielte Eingriffe möglich wurden, kam es nach dem 2. Weltkrieg zu einem ungeahnten Aufschwung der Kunststoffindustrie. Mit der steigenden Anzahl neuer Kunststoffe stieg auch die Nachfrage seitens der Verbraucher*innen. Außerdem sei noch erwähnt, dass das oben zitierte Gedicht einen in der Geschichte der Kunststoffe häufig wiederkehrenden Konnex herstellt: jenen zur (schwarzen) Magie.[26]

Schließlich sei noch auf die 1987 erschienene Studie *Das bedingte Leben* des Psychologen Friedrich W. Heubach hingewiesen. In dem kurzen, so amüsanten wie erhellenden Kapitel »Das ›Resopal‹-Möbel *oder* Die Sinne nehmen nicht einfach die Dinge auf, sondern in ihnen auch eine Form an: Jedes gegenständliche Design ist immer auch ein Design der Sinnlichkeit« wird ersichtlich, dass die Plastiksorte Resopal aufgrund ihrer spezifischen Eigenschaften mit verschiedenen Bedeutungen, Wertungen und Gefühlen aufgeladen ist. Einleitend klärt Heubach darüber auf, was Resopal ist:

Das unter der Markenbezeichnung ›Resopal‹ gehandelte, zur Beschichtung von Oberflächen eingesetzte Kunststoffmaterial wird vornehmlich bei Kücheneinrichtungen, aber auch an Gegenständen des sonstigen Wohnbereichs (Regale, Tische usw.) verarbeitet. Anfangs einfarbig und in der Küche zumeist weißer Farbe, wird es heute auch ›in Dekor‹ angeboten, außerdem als Holz- und Marmorimitat.[27]

Grundlage der dann folgenden Ausführungen ist eine Studie, die 1977 am Psychologischen Institut der Universität Köln durchgeführt wurde. Aus ihr geht dies hervor:

Das Resopal wird insgesamt als die perfekte Vergegenständlichung des Ideals makelloser Reinlichkeit realisiert, dessen mühelose Erfüllung es alltäglich möglich mache. Diese stupende Leistung des Resopals, ein extremes Ideal zu setzen und gleichzeitig seine bequeme Erfüllung anzubieten, macht wohl die besondere Faszination dieses Materials aus. In dem, worin es diese immer wieder gepriesene bequeme Erfüllung eines Ideals materialisiert, d.h. in seinen schmutzabweisenden Eigenschaften, entzieht sich das Resopalmöbel aber zugleich erlebtermaßen jeder Prägung durch seine Benutzung

---

26  Einführend etwa Priesner, Claus (2015): Chemie. Eine illustrierte Geschichte. Stuttgart: Konrad Theiss.

27  Heubach, Friedrich W. (1987): Das bedingte Leben. Theorie der psycho-logischen Gegenständlichkeit der Dinge. Ein Beitrag zur Psychologie des Alltags. München: Fink, S. 126.

und seinen Benutzer. Und in dieser (durch die Unbearbeitbarkeit seiner Oberfläche noch verstärkten) anschaulichen Erfahrung des Spur(en)losen konstituiert sich das Resopalmöbel psycho-logisch als ein Gegenstand ohne Gesicht und ohne Geschichte.[28]

Möbel aus Resopal, so lässt sich zusammenfassend festhalten, sind robust, funktional und zeitlos. Diese Zeitlosigkeit aber ist es, die die persönliche Verbindung zum Besitzer kappt. Resopal will makellos bleiben. Auch nach Jahren der Benutzung soll man der Oberflächenbeschichtung nicht ansehen, dass je etwas auf und mit ihr geschehen ist. Das Resopal-Möbel weigert sich, eine wie auch immer geartete Prägung anzunehmen. Deshalb wirkt es neutral, möglichweise auch abweisend. Wer also auf Gemütlichkeit im heimischen Wohnzimmer aus ist, greife nicht zum Resopal-Möbel. Außerdem eignet es sich nicht als Prestigeobjekt. Es ist gemacht für den Arbeitsbereich. Doch dort terrorisiert es den Besitzer, weil es zu unentwegtem Säubern nötigt und jede Spur als Schmutz denunziert. Der Besitzer wird, pointiert formuliert, zum »Diener seiner Makellosigkeit«.[29] Denkt man von hier aus weiter, über den häuslichen Bereich hinaus, so wird Resopal, soviel sei zumindest angedeutet, zum gesellschaftspolitischen Stoff. Es ist materialgewordene soziale Norm, weil es Eigenschaften hat und fordert, die vermeintlich gute und anständige Bürger*innen auszeichnen. Insofern kann am Resopal-Möbel das eingeübt werden, was einen Menschen in der modernen westlichen Welt ›gesellschaftsfähig‹ macht. Wer die Probe im eigenen Heim besteht, hat draußen nichts zu befürchten, denn gerade auch im öffentlichen Raum gilt: Immer schön sauber bleiben![30]

## 3. Fiktionale Kunststoffliteratur

Da also das Thema ›Plastik‹ gesellschaftlich virulent ist, liegt es nahe, dass Kunststoff auch in Romane, Erzählungen und Gedichte ›eindringt‹. Tatsächlich fördert eine entsprechende, auf deutschsprachige Literatur konzentrierte Recherche zutage, dass zahlreiche belletristische und lyrische Werke vorliegen, die das Material mal mehr, mal weniger offensichtlich aufgreifen. Manchmal enthält bereits der Titel den entscheidenden Hinweis, wie etwa in den Fällen von Erwin Einzingers Gedichtband *Lamm-*

---

28 Heubach: Das bedingte Leben, S. 127.
29 Heubach: Das bedingte Leben, S. 128.
30 Vielleicht provoziert das Resopal-Möbel aber auch Vandalismus. Heubach stellt diesbezüglich folgende rhetorische Frage: »Denn in einem Environment derart panischer Solidität, in dem alles sofort und garantiert spurenlos wieder in Ordnung zu bringen ist – wie soll sich da einer bemerkbar machen, sich seiner selbst, seines Einwohnens oder seines Widerstandes anschaulich vergewissern können anders, als mit Unordnung und groben Schikanen?« (Heubach: Das bedingte Leben, S. 132).

*zungen in Cellophan verpackt* (1977), Annika Reichs Geschichte *Teflon* (2003), Petra Hulovás Roman *Dreizimmerwohnung aus Plastik* (2013) oder Christa Meier-Draves autobiographische Erzählung *Nylons mit Naht. Mädchenjahre in den Fünfzigern* (2021[31]). Dann wiederum spülen Zufälle und Algorithmen ein relevantes Buch auf den Schreibtisch, so zum Beispiel *Geile Deko* von Isabel Waidner, das 2019 in deutscher Übersetzung im Merve Verlag erschien. Der Einstieg in diese flirrend-verwirrende Geschichte klingt, um eine kleine Kostprobe zu geben, wie folgt: »Ein eindrucksvolles Minipferd sprengte über eine Tischplatte aus Resopal. Ah das ist Tulep. Tulep sprengte über grasgrünes Resopal, grasend, wie es schien. Außerdem stand ein weißer Laptop aus Plastik auf dem Tisch«.[32] In die Reihe der Kunststoffliteratur zählen auch all jene Bücher, in denen die Kunststoffindustrie zur Sprache kommt, wie beispielsweise in Thomas Meineckes Roman *Tomboy* (2000).

Welche Literatur zur Kunststoffliteratur gezählt wird, hängt zudem davon ab, wie eng man den Begriff ›Kunststoff‹ fasst und, damit verbunden, welche historische Eingrenzung man vornimmt. Bislang wurden die beiden Begriffe ›Kunststoff‹ und ›Plastik‹ synonym verwendet. Genau genommen muss jedoch aufgrund unterschiedlicher semantischer Implikationen begrifflich differenziert werden. Als Ernst Richard Escales (1863–1924) den Begriff ›Kunststoff‹ um 1910 einführte, steckte die Kunststoffchemie noch in den Kinderschuhen. Eine allgemein anerkannte Vorstellung von der Chemie dieser Stoffe existierte damals noch nicht. Erst nach und nach setzte sich insbesondere auf Grundlage der Arbeiten von Hermann Staudinger die Erkenntnis durch, dass es sich bei Kunststoffen um organische Stoffe mit sehr großen Molekülen, sog. Makromolekülen, handelt, die synthetisch oder durch Umwandlung von Naturprodukten entstehen.[33] Sieht man einmal von den naturwissenschaftlichen Fachdiskussionen ab und stellt stattdessen allgemeine Überlegungen zum Kompositum ›Kunststoff‹ an, so fällt auf, dass durch die Verknüpfung der Worte ›Kunst‹ und ›Stoff‹ ein zunächst nicht näher bestimmter Stoff zu einem Kunst-Stoff avanciert, zu einem wie auch immer gearteten Material, welches sich durch seine Kunsthaftigkeit auszeichnet und sich in ebendieser Eigenart von anderen Stoffen abhebt. ›Kunst‹, verrät ein Blick ins Wörterbuch, ist vom Altdeutschen abgeleitet und bedeutete ursprünglich Wissen(schaft) oder Fertigkeit. Demnach ist Kunst unmittelbar mit Können verbunden, welches sich wiederum entweder auf den Stoff selbst beziehen kann, wonach dann ein Kunst-Stoff ein Stoff wäre, der sich durch eine außergewöhnliche, weil durch den Zusatz ›Kunst‹ betonte Könnerschaft von anderen Stoffen abhebt, oder aber auf die besonderen Leistungen der Chemiker*innen, die in ihren Laboren immer tiefer in die Welt der Makromoleküle und der Polymerisation eintauchen, am Bauplan der Natur

---

31   Die 1. Auflage erschien 2010.
32   Waidner, Isabel (2019): Geile Deko. Aus dem Englischen von Ann Cotten, Berlin: Merve, S. 9.
33   Vgl. Braun: Kleine Geschichte der Kunststoffe, S. 5.

basteln, ihn scheinbar beliebig manipulieren und auf diese Weise, durch einen quasi kunstvollen Akt etwas schaffen, das es in der göttlichen Schöpfung bislang nicht gab. Kunststoffe erscheinen vor diesem Hintergrund nicht nur als Verwirklichung des uralten Traumes von der Beherrschung der Materie, sondern auch als widernatürlich, als künstlich. Doch selbstverständlich handelt es sich bei Kunststoffen nicht um gänzlich unnatürliche oder gar übernatürliche Stoffe, da sie stets aus natürlichen Rohstoffen hergestellt werden – aus nichts kann schließlich nichts entstehen. Carsten Rohde fasst das treffend so zusammen:

> Kunststoff als Gegenstand und als Begriff kennzeichnet von Anfang an eine fundamentale Mehrdeutigkeit: Kunst bzw. künstlich und doch Natur bzw. natürlich zu sein. Kunststoff ist seit jeher ein Hybrid, eine Mischung aus Naturstoff, Technik und Chemie.[34]

In anderen Sprachen setzte sich das Wort ›Kunststoff‹ im Übrigen nicht durch. Satt auf Können, Kunst und Künstlichkeit verweisen Bezeichnungen wie ›plastics‹ (englisch), ›matière plastique‹ (französisch) oder ›materie plastiche‹ (italienisch) auf eine besondere Qualität des Kunststoffs: die Formbarkeit. Im Deutschen finden sich die entsprechenden Lemmata ›Plastik‹ und ›Plaste‹.

Das vollsynthetische Plasticaeum, in dem wir heute leben, fußt auf einer Vielzahl unterschiedlicher Experimente, Erfindungen, Entdeckungen und Zufälle. Einige zentrale Ereignisse fallen in die ersten Dezennien des 20. Jahrhunderts. So trat etwa 1907 mit dem Bakelit der erste vollsynthetische Kunststoff auf den Plan. Zwei Jahre zuvor entwickelte Jaques Edwin Brandenberger das Cellophan, welches als Verpackungsmaterial die Welt eroberte. 1909 stellte Fritz Hofmann erstmals Methylkautschuk aus Dimethylbutadien her, aus dem im darauffolgenden Jahr der erste Autoreifen gepresst wurde. Seit 1925 gibt es Resopal. 1932 begann eine Firma in Darmstadt mit der Herstellung von Plexiglas. Diese kleine Auflistung zeigt, dass es weder *den* Erfinder noch *den* Kunststoff gibt. Vielmehr ist die Kunststoffgeschichte genauso facettenreich und bunt wie all die Plastikerzeugnisse, die uns umgeben. Auch der Beginn der Geschichte der Kunststoffe lässt sich nicht eindeutig bestimmen.[35] Auf die Literaturgeschichte gewendet heißt das, dass die Textauswahl verhandelbar ist.

Schließlich sei noch der Hinweis angebracht, dass Literaturwissenschaftler*innen in den vergangenen Jahren zunehmend sensibel geworden sind für die materielle Ebene, die *Material Culture*, wie nicht nur die beiden Handbücher *Materielle Kultur. Bedeu-*

---

34 Rohde, Carsten (2015): Plastic Fantastic. Stichwörter zur Ästhetik des Kunststoffs. In: Heibach, Christiane/ Rohde, Carsten (Hgg.): Ästhetik der Materialität, Paderborn: Fink, S. 123–144, hier S. 126.
35 Vgl. Ratzesberger: Plastik, S. 42.

*tungen – Konzepte – Disziplinen* (2014) und *Literatur & Materielle Kultur* (2018) belegen, sondern auch die umfassende Studie *Bücher mit Stoffbezug. Der nationalsozialistische Vierjahresplan und der synthetische Kolonialismus in der deutschsprachigen Populärliteratur* (2022) von Alexander Wagner sowie der von Jasmin Grande herausgegebene Sammelband *Glasgalaxien. Über Avantgarde* (2022), der in Vorbereitung ist. Damit wird nun also auch in der Literaturwissenschaft eine Spur verfolgt, die in Kunst-, Design- und Architekturtheorie schon länger beschritten wird.[36] Was allerdings bislang fehlt, ist eine umfassende Analyse der, wenn man so will, literarischen Kunststoffbearbeitung, sprich eine literaturwissenschaftliche Studie, die dezidiert dem Plastik gewidmet ist, und zwar in all seinen Facetten. Eine interdisziplinär angelegte Literaturgeschichte der Kunststoffe, die sich einer Vielzahl diskursiver Anschlüsse öffnet, hätte nicht nur die technisch-naturwissenschaftlichen Entwicklungen in den Blick zu nehmen, sondern auch die Dynamiken innerhalb einer Konsumgesellschaft. Hinzu kämen Exkurse zur Bedeutung und Funktion der Kunststoffe in Design, Architektur und Kunst. Da es sich beim Kunststoff zudem um einen politischen Stoff handelt, müsste auch dieser Bereich thematisiert werden. Ebenso gilt es, sich dem Phänomen der Oberfläche und der Oberflächlichkeit medientheoretisch und philosophisch zu nähern. Weitere Anknüpfungspunkte sind denkbar.

Im Folgenden wird ein Buch exemplarisch besprochen: David Flusfeders Roman *Alles Plastik* (1998). Die Wahl fiel auf dieses Buch, weil es auf besonders anschauliche Weise vorführt, wie vielschichtig das Thema ›Plastik‹ ist, will heißen, der Autor führt die enorme Reichweite der Kunststoffthematik vor, auf die schon der Buchtitel verweist: ALLES Plastik. Um ebendies aufzuzeigen, werden einige Textpassagen aus dem Roman aufgriffen und mit anderen Stimmen zusammengeführt. Auf diese Weise gelingt es, ein buntes Panorama zu entwerfen, das verdeutlicht, wie facettenreich und ambivalent Kunststoff ist. Die verschiedenen Diskurse, die aufgerufen werden, können hier allerdings nur schemenhaft dargestellt werden. Hinzu kommt, dass Flusfeder zahlreiche grundlegende Fragen aufwirft, die nicht ohne Weiteres oder gar eindeutig beantwortet werden können. So schwebt etwa die Frage im Raum, ob man Plastik wirklich lieben kann. Im Roman zeichnen sich die Figuren durch unterschiedliche Haltungen zum Kunststoff aus – und jede davon hat ihre Berechtigung. Flusfeder moralisiert nicht, sondern schafft diverse Zugänge zu einem Material, das heutzutage gemeinhin nicht besonders geschätzt wird. Das Buch liefert keine letztgültigen Ant-

---

36  Einschlägig: Rübel, Dietmar/ Wagner, Monika/ Wolff, Vera (Hgg.) (2017): Materialästhetik. Quellentexte zu Kunst, Design und Architektur. Berlin: Reimer; Wagner, Monika (2013): Das Material der Kunst. Eine andere Geschichte der Moderne. München: Beck; Wagner, Monika/ Rübel, Dietmar/ Hackenschmidt, Sebastian (Hgg.) (2012): Lexikon des künstlerischen Materials. Werkstoffe der modernen Kunst von Abfall bis Zinn. München: Beck; Rübel, Dietmar (2012): Plastizität. Eine Kunstgeschichte des Veränderlichen. München: Schreiber.

worten und ähnelt darin dem Material, das in seinem Zentrum steht, denn Kunststoff entzieht sich aufgrund seiner außerordentlichen Wandelbarkeit einer endgültigen, einer Ideal-Form.

## 4. Ein Exempel

In dem Roman *Alles Plastik* (1998) von David Flusfeder ist zwar nicht alles aus Kunststoff, aber doch sehr vieles. Roland Barthes bezeichnete dieses Material einmal als wunderbaren Stoff, der die Menschen angesichts seiner enormen Wandelbarkeit in Staunen versetze. Es sei die erste magische Materie, die sich damit begnüge, prosaisch zu sein, die nicht auf das Seltene, sondern auf das Gewöhnliche ziele,[37] will heißen: Plastik ist ein Kunst-Stoff für den Alltag. Wie umfassend diese künstliche Materie unser Leben bestimmt, in welche Formen wir sie bringen und wie sie uns und unsere Umgebung formt, darum dreht sich dieser Roman.

Die Originalausgabe erschein 1996 unter dem Titel *Like Plastic*. Dieser Titel enthält ein Wortspiel, welches durch die Übersetzung ins Deutsche verloren ging. So besitzt der Roman also tatsächlich drei Titel: *Alles Plastik, Wie Plastik* und *Plastikliebe*.

Werfen wir nun einen Blick in das Buch: Im Mittelpunkt der Erzählung, die in den 1990er Jahren spielt und damit in einer Zeit, in der Plastik schon längst den Alltag erobert hat, stehen die beiden ungleichen Cousins Howard und Charlie Levy. Sie machen sich die Leitung der *Levy Plastic Company* (LPC) streitig und führen das Familienunternehmen, welches im Laufe der Jahre zu einem Kunststoffimperium avancierte, langsam, aber sicher in den Ruin. Begründet hatten die Firma Daniel Levy und sein Bruder Sam. Daniel, der Vater von Howard, hatte eine Leidenschaft: Maschinen. Er verfiel ihnen schon in jungen Jahren und wollte ihre Mysterien begreifen. Sein Kopf war voller Bilder von Zahnrädern, Hebeln, Motoren und Ventilen. In seinem Geist konstruierte er perfekte Maschinen. Nachdem er die Schule verlassen hatte, begann er in einer Plastikfabrik zu arbeiten, wo sich seine Ideen materialisierten. Seine erste Maschine konnte Knöpfe schneller und besser formen als Menschen und Maschinen dies bisher taten – das Cover des Buches zeigt übrigens viele kleine und große Knöpfe in verschiedenen Farben auf schwarzem Hintergrund und verweist damit auf ebendiese technische Konstruktion. Bald schon gründete der talentierte und verschrobene Daniel seine eigene Firma. Dies war der Startschuss für eine sagenhafte Karriere im Plastikbusiness. »Er pflanzte«, heißt es im Roman, »Maschinen auf den

---

37  Vgl. Barthes: Plastik, S. 225.

Fabrikboden und begoß sie mit seinem Genie. Sam wurde sein Partner, der Direktor der Fabrik«.[38]

Bereits in einem der ersten Kapitel werden die Leser*innen in ein Plastik-Archiv geführt. Howard befindet sich in einem Zimmer seines Hauses, in dem sich all das stapelt, was LPC im Laufe der Jahre hergestellt hat – erinnert sei hier nebenbei an Hausens Geschichte über die böse Fee:

> Die Wände sind voller Regalbretter, und darauf stehen Plastikartikel. Unzerbrechliche Kämme lehnen an Computergehäusen. Knöpfe aus Schildpattimitat umgeben eine Plastikkaraffe voll durchscheinender Besteckteile. Krönungssouveniranstecker und mattwandige Wassergläser verdecken eine Phalanx rosafarbener Telephongehäuse. Radios, Tischfeuerzeuge, Spielzeugsoldaten, Plattenspieler, kleine Saxophone, Haarbürsten und Haarclips, Gegenstände für Küche und Tafel und für die Grillparty draußen, alles für Haus und Büro und Garten, hoch aufgetürmt, die konfus zusammengeworfene Geschichte des Familienunternehmens [...]. Vivien und Howard sitzen unbehaglich nebeneinander, er in seinem Anzug, sie im Bademantel, auf harten regenbogenfarbenen Stühlen (stapelbar), traurigen Erbstücken des unglücklichen Abstechers, den LPC in den siebziger Jahren auf den Möbelmarkt gemacht hatte [...]. Er kann vom Hinsehen das Material erkennen, aus dem die Gegenstände sind. Melamin und PVC und Zelluloseazetat und Polyäthylen und Polystyrol und Harnstoff-Formaldehyd und Polyurethan und Polypropylen und Acryl und Styrol-Acrylonitril.[39]

Natürlich gehört es sich für den Inhaber einer Firma, die Kunststoffartikel *en masse* produziert, zu zeigen, womit gearbeitet und Geld verdient wird. Also trägt Howard eine bunte Krawatte, auf der die chemischen Bausteine des Kunststoffs zu sehen sind: Kohlenstoff- und Wasserstoffatome. Und seine Visitenkarten sind selbstredend nicht etwa aus Papier, sondern aus Plastik, genauer gesagt aus steifem, klarem Acetat. Unter den dicken schwarzen Lettern LPC und dem Gründungsjahr der Firma (1948) befindet sich der Slogan: »the future is plastic«.[40] Das lässt sich zum einen mit ›Die Zukunft ist (aus) Plastik‹ übersetzen, zum anderen mit ›Die Zukunft ist formbar‹.[41] Der Wahl-

---

38  Flusfeder, David (1998): Alles Plastik. Aus dem Englischen von Joachim Kalka. Frankfurt am Main: S. Fischer, S. 51. Im Übrigen sind Knöpfe aufgrund ihrer Größe und Schlichtheit ideal für die Erprobung neuer Materialien geeignet. Die Vielfalt alter Kunststoffknöpfe legt Zeugnis ab von der Offenheit der Knopfhersteller*innen für den künstlichen Stoff. Manche Knöpfe ahmen traditionelle Materialien wie Schildpatt nach, aus anderen spricht die Experimentierfreudigkeit der Entwerfer*innen (vgl. Objektgalerie in: Plastik. Die Welt neu denken, S. 122).
39  Flusfeder: Alles Plastik, S. 30f.
40  Flusfeder: Alles Plastik, S. 58.
41  Die Eigenschaft der Verformbarkeit ist schon auf begrifflicher Ebene angelegt. Hierzu: Rohde, Carsten: Plastic Fantastic, S. 123–144.

spruch der Firma lässt also unterschiedliche Interpretationen zu. Als Werbeslogan eines Herstellers von Kunststoffprodukten verweist der Spruch auf eine vollkommen plastifizierte Welt, auf eine Welt, in der Plastik keine Wünsche offenlässt, in der Plastik alle anderen Materialien ersetzen kann, in der also Plastik tatsächlich für alle(s) da ist. In diesem Fall stünde die Plastikbranche am Zenit ihres Erfolgs. Wenn allerdings, und das wäre eine im vorliegenden Falle zwar unwahrscheinliche, aber mögliche Lesart, die Zukunft (wie) Plastik ist, so stehen keine rosigen Zeiten bevor, denn das Material steht für Falschheit, für Billiges und auch für Oberflächlichkeit. Plastik hat zwar viele Vorzüge, doch dessen ungeachtet ist ein Vergleich mit Plastik selten als Kompliment gemeint. Man mag einen Turner oder Akrobaten aufgrund seiner Elastizität bewundernd mit Plastik vergleichen, doch meist verbinden sich mit dem Material negative Eigenschaften. ›Wie Plastik‹ meint fast immer, dass etwas wertlos oder eine Mogelpackung ist. Dieses Image kommt nicht von ungefähr, denn Plastik ist Surrogat, Material für Imitate. Die dritte Lesart des LPC-Slogans bezieht sich schließlich auf eine herausragende Eigenschaft des Kunststoffs: die Formbarkeit. Man kann das Material schlicht in jede denkbare Form bringen. Wenn also die Zukunft wie Plastik ist, kann sie beliebig geformt werden. Es stellt sich nur die Frage, wer resp. was formt. Sind es, wenn sich Zukunft lediglich auf ein Subjekt bezieht, eher individuelle Wünsche und Vorstellungen, die den Formungsprozess tragen, oder eher Einflüsse von außen? Doch so oder so: Angelegt ist hier die Idee grenzenloser Möglichkeiten, die im Plastik und damit in der Zukunft steckt.

Im Roman wird der Formungsprozess auch als ein sich unendlich wiederholendes intimes Spiel von Maschinenteilen, als ein kurzes, erotisches Zusammentreffen von Metallstücken beschrieben:

> Howard drückte auf den Knopf: ein Surren, ein Jaulen, das Summen gespeicherter Energie: das Heranrauschen von rohem Plastik, metallene Prägeplatten glitten vorwärts, trafen aufeinander, schlossen sich innig zusammen, Vollzug der Form: Sie trennten sich, die heiße, vollkommene Gestalt glitt hinunter durch die Kühlkammer. Und wieder und wieder und wieder, Produktionszyklus, Schöpfungskreis – formen, küssen, trennen, ausstoßen: Grüne Spielzeugkobolde rollen aus der Röhre in den Korb.[42]

Nun kann der Akt der Formung, der hier beschrieben wird, mit Roland Barthes auch als »magische[] Operation«[43] bezeichnet werden: »Auf der einen Seite der tellurische Rohstoff, auf der anderen der perfekte, vom Menschen gemachte Gegenstand. Zwischen diesen beiden Extremen nichts; nichts als eine Wegstrecke«.[44] In *Alles Plastik* ist

---

42  Flusfeder: Alles Plastik, S. 99f.
43  Barthes: Plastik, S. 223.
44  Barthes: Plastik, S. 223.

die Plastikverwandlung sogar doppelt magisch, weil kleine Plastikkobolde entstehen, also magische Wesen aus magischer Materie. Doch hinter der totalen Formbarkeit des Kunststoffs, der sich der Endgültigkeit der Form, der Idee einer Ideal-Form, zu entziehen scheint, steckt noch mehr: Sie sei, wie Roland Barthes in seinem bekannten Plastik-Essay festhält, mit ständigem Staunen verbunden, mit dem »Träumen des Menschen vor dem Wuchern der Materie, vor den Verbindungen, die er zwischen der Einzahl des Ursprungs und der Vielzahl der Wirkungen entdeckt«.[45] »Dieses Erstaunen«, schreibt Barthes weiter, »ist übrigens ein freudiges, weil der Mensch am Ausmaß dieser Verwandlungen seine Macht ermißt und weil der Weg, den das Plastik dabei nimmt, ihm das beglückende Gefühl verleiht, virtuos durch die Natur zu gleiten«.[46] In letzter Konsequenz könne die ganze Welt plastifiziert werden, sogar das Leben selbst.[47]

Nachdem Howard seiner Begleiterin Carol die Maschinenhalle gezeigt hat, führt er sie in Charlies Büro, ein kleines Plastikparadies oder eine Plastikhölle, je nachdem, wie man zum Kunststoff steht.

>Mensch. Der mag Plastik wirklich, was?‹
>Wohl schon. Das ist so der Einschlag Mystik bei ihm.‹
Alles hier drinnen bis auf das Kokain und Cannabis in der obersten Schublade von Charlies schwarzem Polypropylenschreibtisch war aus Plastik. Die Bilder, die Stereoanlage, der Computer, das Fenster, das Mobiliar, selbst der Wandbehang. Alles war stolzerweise, loyalerweise, selbstgefälligerweise Plastik [...].
>Wenn mehr Geld da wäre, dann könntest du oder könnte dieser Charlie sich doch was Netteres leisten. Holz. Oder sogar Marmor. Plastik ist poplig.‹
[...]
>Plastik ist nicht poplig.‹
>Aber natürlich ist Plastik poplig. Das weiß ja jeder. Kein Stil. Es ist vulgär. Schau dir das Büro hier an. Willst du vielleicht sagen, daß das nicht poplig ist.‹
>Aber doch nur, weil Charlie poplig ist. Plastik kann alles sein, was man will, das ist doch der springende Punkt. Wenn die Form gut genug ist, wird alles möglich. Wenn Charlie Stil hätte, dann könnte das Büro wunderbar sein und trotzdem immer noch aus Plastik.‹[48]

---

45  Barthes: Plastik, S. 224.
46  Barthes: Plastik, S. 224.
47  Nebenbei bemerkt, betrifft die Plastifizierung nicht nur das Leben, sondern auch den Tod, wie man in der von Gunther von Hagens entwickelten Ausstellung »Körperwelten« entdecken kann, wo sog. Plastinate zu sehen sind (https://koerperwelten.de. (23.09.2022)
48  Flusfeder: Alles Plastik, S. 103f.

Am Plastik, das macht der Dialog deutlich, scheiden sich die Geister. Vielen gilt es als billiger Ersatz. Ihm haftet, wie schon bemerkt wurde, der Makel des Unechten, des Künstlichen, des Vorspielsens falscher Tatsachen an. Die Maxime der Plastikgegner lautet: Wer etwas auf sich hält, kauft keinesfalls Dinge aus Plastik, sondern aus hochwertigen Materialien, d.h. aus Materialien, die nicht im Chemielabor entstanden sind, sondern in der Natur vorkommen. Aber es gibt auch jene, die das Plastik aufgrund all seiner Vorzüge feiern. Plastik ist abwaschbar und deshalb hygienisch. Es ist leicht verfügbar, billig und damit demokratisch – Silberbesteck kann sich nicht jeder leisten, Besteck aus Plastik schon, ein Tisch aus massiver Eiche ist für viele unerschwinglich, ein Tisch aus Plastik ist dagegen ein Möbelstück für jeden Geldbeutel. Zudem kann Plastik jede Farbe annehmen, klar wie Glas sein, wie Holz oder Marmor aussehen. Es kann hart oder weich, biegsam oder fest sein. Es kann zu Strümpfen und Jacken, zu Modeschmuck, Möbeln und Autokaroserien, zu Verpackungen aller Art, zu Informationsträgern wie Schallplatten, Filmrollen oder CDs, zu Tischtennisbällen, ja sogar zu Musikinstrumenten oder Körperteilen verarbeitet werden. Plastik ist ein Alleskönner, ein Chamäleon aus der chemischen Industrie. Trotzdem konnte es sein schlechtes Image nie ganz abschütteln.

Charlie gehört zu der (vermutlich ziemlich kleinen) Gruppe, die Kunststoff vergöttert. Er ist verrückt nach Plastik und muss nicht erst langatmig von dessen positiven Qualitäten überzeugt werden. Er ist ein *Plastic Man*[49] und deshalb liebt er es, im *Happy Eater* zu Mittag zu essen:

> Er war froh, hier zu sein [...]. Er fühlte sich unweigerlich wohl dabei. Alles war aus Plastik. In einer Ecke mit imitierten Ziegelwänden wurden Neuheiten für die ganze Familie verkauft, bunte Dinger in Zellophan, die aussahen wie Dildos [...]. Rote Plastiktische, grüne Plastikstühle. Pflanzen überall, und alle aus Plastik, Polyesterseide, auf den Fensterbrettern, in Körben, die von der Decke hingen, an die Holzeffektwände hinter der Küchentheke gepinnt [...]. Eingeschweißte Speisekarten, beige für die Hauptmahlzeiten, blau für das Happy-End der Desserts.[50]

In dieser Plastikwohlfühloase erzählt Charlie eine kleine Anekdote:

---

[49] *Plastic Man* ist auch der Titel eines Comics von Jack Cole (1914–1958). Das erste Heft der Reihe erschien 1941 in den USA. Später war die Geschichte um den unsympathischen, dafür aber extrem elastischen Helden auch als Trickfilmserie im Fernsehen zu sehen. Sie ist eine Parodie auf das damals wie heute populäre Superhelden-Genre (vgl. Schweiger, Stefan (2020): Plastik. Der große Irrtum, München: riva, Kapitel: Plastic Man – aus Plastik formt man keinen Superhelden). Natürlich wäre das Comic, von dem auch eine Fassung in deutscher Sprache vorliegt, ein Teil der noch zu schreibenden (deutschsprachigen) Literaturgeschichte der Kunststoffe.

[50] Flusfeder: Alles Plastik, S. 146.

Hören Sie sich mal folgendes an [...]. Das war Anfang der Fünfziger, als die Tupperware
so langsam ganz groß rauskam. Die ist, das wissen Sie sicher, von einem Ami erfunden
worden, Earl Tupper. Mein Vater hatte die Idee, sich eine Lizenz zu besorgen für die
Produktion hier bei uns. Man muß es ihm lassen, er hat gemerkt, was da drin war. Aber
jetzt kommt's – er war überzeugt davon, und das konnte man ihm einfach nicht aus-
reden, daß dieser Ami ein Adliger war. Daß Earl sein *Titel* war, Herrgott noch mal!
Bestand einfach drauf, alle Briefe an den Earl of Tupper zu schreiben. Telephonate, wo er
in bester aristokratischer East-End-Manier gesagt hat, er möchte gerne mit Lord Tupper
sprechen. Unglaublich.[51]

Soweit der Blick in die Familiengeschichte. Aber was bringt die Zukunft? Howard
jedenfalls weiß nur so viel: »[M]eine Zukunft ist wie Plastik, ich bin jetzt am Laufen. Ich
laufe jetzt richtiggehend, hinaus aus der Stadt, niemand weiß, wohin, nicht einmal
ich...«.[52] Damit nimmt Howard zum einen den LPC-Slogan auf, der eine frei zu ge-
staltende Zukunft verspricht, ohne dabei etwas über eine spezifische oder mögliche
Form und formgebende Kräfte auszusagen, zum anderen spielt er auf die völlige Offenheit der Entwicklungen in der florierenden Kunststoffbranche an, welche offenbar
dabei ist, unbekanntes Terrain zu erschließen. Konkreter als Howard äußert sich ein
LPC-Mitarbeiter:

›Die Zukunft, das sind die Supraleiter aus Plastik [...], nur eins hält uns da auf.‹
›Das wäre?‹
›Plastik leitet nicht so toll. Kommt aber noch. Nur eine Frage der Moleküle. Wer dieses
Problem löst, der kommt ins Buch der Rekorde. Geben Sie mir Zeit fürs Labor, das ist
alles, was ich will. Wir ernten beide Ruhm und Ehre.‹[53]

Der Mensch, so scheint es, beherrscht das Spiel mit den Molekülen. Es klingt, als
müssten postmoderne Alchemist*innen lediglich in ihrer geheimen Giftküche ein
wenig mit verschiedenen Substanzen, Hitze und Druck experimentieren und – *voilà* –
schon steht ein neuer Kunststoff zur Verfügung, der kann, was bisher keiner konnte.
Das Einsatzgebiet des Materials kann scheinbar beliebig ausdehnt werden, wenn die
molekulare Struktur ein wenig verändert wird. Alles scheint möglich zu sein, alles eine
Frage der Zeit. Der Mensch fühlt sich sicher – und mächtig.

---

51  Flusfeder: Alles Plastik, S. 150. Die Welt von Tupperware ist ein eigenes Kapitel in der Ge-
    schichte der Kunststoffe. Siehe z.B.: Clarke, Alison J. (2001): Tupperware. The Promise of Plastic
    in 1950's America. London: Smithsonian. Einblicke in das Plastikuniversum gibt außerdem Tim
    Reckmanns Insider-Report *Plastikpacker. Drei Jahre als männliche Tupperware-Beraterin* (2009).
52  Flusfeder: Alles Plastik, S. 113.
53  Flusfeder: Alles Plastik, S. 318f.

Josef Hausen visualisiert ebendiese Macht und Machbarkeit, die schon aus dem Titel seines populärwissenschaftlichen Buches *Wir bauen eine neue Welt* spricht, im »Regenbogen der Materialien«.[54] Er besteht aus den wohlbekannten Materialien Gummi, Seide, Porzellan, Leder, Holz, Glas und Metall sowie aus neuen Kunststoffen, die jeweils mehrere Eigenschaften bündeln. So ist etwa Polyäthylen elastisch wie Gummi, leicht wie Porzellan und unzerbrechlich wie Metall, Acrylglas ist klar wie Glas, zäh wie Leder und obendrein gummiartig. Die Kunststofftechnik, heißt es begleitend zur Grafik, schaffe neue Werkstoffe mit neuen, bislang unbekannten sog. »Eigenschaftsschnittpunkten«.[55] In Hausens »Regenbogen« ist das zentrale Versprechen der Kunststoffindustrie angelegt: die Erzeugung maßgeschneiderter Kunststoffe für jeden gewünschten Anwendungsbereich.

Nun, da so viele Kunststoffe zur Verfügung stehen, stellt sich die entscheidende Frage, in welche Formen das Plastik gebracht werden soll. Der Aspekt der Formbarkeit ist bereits aufgetaucht, jedoch wurde er bislang nicht designtheoretisch beleuchtet. Diesbezüglich ist ein Beitrag des Architekten, Ingenieurs und damaligen Leiters des Deutschen Werkbundes Hans Schwippert (1899–1973) aufschlussreich. Er thematisierte 1952 im Rahmen des Darmstädter Gesprächs über »Mensch und Technik« die bis *dato* nicht da gewesene Gestaltungsoffenheit, welche die Designer*innen vor völlig neue Herausforderungen stelle:

> Was da an neuen Stoffen vor uns steht, ist in einem Maße willfährig uns gegenüber, wie wir das bisher nicht gekannt haben. Da gibt es plastische Stoffe, die sagen gar nicht mehr: Ich bin so, und du, Gestalter, du Hersteller mußt sehen, wie du mit mir fertig wirst; sondern diese neuen Stoffe sagen: Bitte schön, ein Eßlöffel von dem, ein Teelöffel von jenem, und ich bin wieder anders [...]. Wir stehen vor einer Aufgabe der souveränen Beherrschung der Stoffe, die wir bisher nicht hatten, und sind damit vor einer Weite, für die wir uns nicht ganz gerüstet fühlen.[56]

Noch nie zuvor waren Designer*innen so frei im Umgang mit einem Werkstoff wie mit Plastik. Doch die ungeahnten Möglichkeiten können nicht nur befreien, sie können auch hemmend wirken. Veritable Verunsicherung und zügelloses Experimentieren – das sind die beiden Pole, zwischen denen sich die Produktgestalter*innen bewegen. Ist es besser, sich an Altbewährtes zu halten, oder kann Neues gewagt werden? Wie

---

54  Hausen: Wir bauen eine neue Welt, S. 15.

55  Hausen: Wir bauen eine neue Welt, S. 15.

56  Schwippert, Hans (1952): Mensch und Technik. In: Rübel, Dietmar/ Wagner, Monika/ Wolff, Vera (Hgg.) (2017): Materialästhetik. Quellentexte zu Kunst, Design und Architektur. Berlin: Reimer, S. 84–87, hier S. 86.

könnte dieses Neue aussehen? Lösungen präsentieren etwa die Ausstellung *Plastik. Die Welt neu denken* sowie das Deutsche Kunststoffmuseum.[57]

Im Roman *Alles Plastik* wird pointiert vorgeführt, dass der grenzenlose Gestaltungsspielraum zur Herstellung fragwürdiger, wenn nicht völlig absurder Objekte führen kann. Die Firma LPC möchte etwa die Decke der Sixtinischen Kapelle und Michelangelos David aus Plastik unter die Leute bringen. Grenzenlose Möglichkeiten und grenzenloser Blödsinn liegen, das zeigen diese Beispiele, manchmal nah beieinander. Was im Roman nicht konkret angesprochen wird, ist, dass sowohl die leichte Verfügbarkeit als auch die niedrigen Kosten für den Werkstoff unzweifelhaft zur Flut an Plastikobjekten beitragen, die man als Schund bezeichnen muss. Natürlich lässt sich über Geschmack streiten.[58] In diesem Zusammenhang wäre dann auch über Design im Allgemeinen, (un)mögliche Formen und Funktionen sowie (un)geeignete Materialien im Einzelnen zu diskutieren.[59] Um die Formulierung von Lösungen geht es dem Autor von *Alles Plastik* indes nicht. Stattdessen gibt er mit seinem Buch einen Impuls für eine eingehende Auseinandersetzung mit dem äußerst vielschichtigen Thema ›Plastik‹, und zwar jenseits eines Denkens in Gut und Böse.

Im Gegensatz zu Plastikimitaten von Kunstwerken sind Verpackungen aus Kunststoff äußerst nützlich. In der Welt der Verpackungen hat sich Plastik schon längst etabliert. Nicht nur Warenverkäufer*innen, auch die Werbeindustrie macht sich die Vielseitigkeit des Materials zu Nutze. Mal locken bunt bedruckte Verpackungen, mal glänzende und glitzernde Oberflächen, mal versprechen transparente Umhüllungen Reinheit und Frische, mal faszinieren ungewöhnliche Produktformen. Die Verpackung soll Begierden wecken. Alles soll unberührt, appetitlich, blitzsauber und unwiderstehlich aussehen. Die Industrie möchte schnellen, einfachen, bestenfalls ungezügelten Konsum: ans Supermarktregal treten, zugreifen und ab mit dem Artikel in den Einkaufskorb, dann noch kurz an der Kasse bezahlen. Zu Hause fallen sie, die Plastikhüllen. Einkaufen erscheint, so gesehen, geradezu als erotischer Akt. Es wird verhüllt und ausgepackt, es werden Begierden geweckt und mit deren unkomplizierter Erfüllung gelockt. Die Optik der Waren ist verführerisch. Die Käufer*innen sollen dem Angebot verfallen, und zwar ohne viele Worte. Flusfeder spricht in seinem Roman treffend vom »Plastikeros«[60], der, das sei hinzugefügt, gerade auch im Hinblick auf Sexpuppen und anderes Sexspielzeug aus Plastik bedeutsam ist:

---

[57]  Vgl.  https://www.deutsches-kunststoff-museum.de/sammlung/virtuelles-museum/.  (27.05. 2022)

[58]  Weiterführend: Dettmar, Ute/ Küpper, Thomas (Hgg.) (2007): Kitsch. Texte und Theorien. Stuttgart: Reclam.

[59]  Exemplarisch: Hornuff, Daniel (2020): Die Fragwürdigkeit des guten Designs. In: Pop. Kultur und Kritik, Heft 16, S. 35–40 (https://pop-zeitschrift.de/2022/05/31/die-fragwuerdigkeit-des-guten-designsautorvon-daniel-hornuff-autordatum31-5-2022/. (24.09.2022)

[60]  Flusfeder: Alles Plastik, S. 245.

Einkaufsbummel, Vivien und Howard, ein Supermarktrendezvous, das romantische Flair von frischem Obst und Gemüse, der Plastikeros der Verpackung [...]. Sie rollen ihren Einkaufswagen zwischen Früchten und Salat hindurch, gierige Konsumtouristen von entschlossener Promiskuität, die Pflaumen aus Spanien pflücken, Tomaten aus Jersey, Zitronen aus der Türkei.[61]

Abschließend sei erwähnt, dass in *Alles Plastik* Umweltproblematik und Gesundheitsrisiken nur am Rande zur Sprache kommen. »Und Grund und Boden?«, wird im Roman gefragt.

Ach, wertlos, mein Junge. All die Gifte und der Schmutz, die da jahrzehntelang eingesickert sind. Unmöglich, da zu bauen, mach dir da keine Gedanken drüber, ich werd das schon für eine nominelle Summe los, ich kenn da einen Burschen im Gemeinderat... [...]. Wir können hier also nichts bauen? Gewiß nicht. Keine Häuser oder Läden. Aber einen Parkplatz vielleicht? Na ja, möglicherweise.[62]

David Flusfeder hat, das sollte aus dieser Buchbesprechung hervorgehen, für seinen Roman nicht nur tief in die Plastik-Kiste gegriffen, er hat sie umgekippt und ausgeleert. Vor den Leser*innen liegen sie nun, all die Plastikdinge, die uns tagein, tagaus begleiten und deren Materialität wir meist nicht mehr bewusst wahrnehmen, weil wir uns so sehr an sie gewöhnt haben. Dabei lohnt es sich, die Aufmerksamkeit ab und an auf die materielle Ebene zu lenken, denn Material erzählt viele Geschichten.

## 5. Aus dem Off

Beim Lesen des Romans bin ich auf insgesamt drei Auszüge aus einer Festschrift gestoßen, die mit *Ein Jahrhundert Plastik* (1962) betitelt ist. Verfasst hat sie ein gewisser H. C. Willi. Wie spannend, dachte ich, und wollte die komplette Publikation lesen. Also habe ich mich auf die Suche gemacht. Ich recherchierte in den Online-Katalogen diverser Bibliotheken und Archive und natürlich benutzte ich auch die Google-Suchmaschine, doch alle Anläufe, die Festschrift zu finden, liefen ins Leere. Die Schrift war einfach nicht aufzufinden. Konnte es sein, dass es sie gar nicht gab? Hat David Flusfeder hier vielleicht nicht zitiert, sondern erfunden? Möglich wäre es. Um der Sache auf den Grund zu gehen, habe ich zunächst den S. Fischer Verlag kontaktiert, bei dem *Alles Plastik* in der deutschen Übersetzung erschienen ist, später schrieb ich den Autor direkt an. David Flusfeder war sehr überrascht und ebenso erfreut, dass das Buch über 20 Jahre

---

<sup>61</sup> Flusfeder: Alles Plastik, S. 245.
<sup>62</sup> Flusfeder: Alles Plastik, S. 367f.

nach seinem Erscheinen von mir gefunden und gelesen wurde. Er verriet mir dann auch, dass der Text von H. C. Willi aus seiner Feder stammt. Er meinte sich daran zu erinnern, dass er sich damals – aus welchen Gründen auch immer – Herrn Willi als Schweizer vorstellte. Erfunden habe er ihn, weil er einen poetischen Gläubigen, einen Plastik-Utopisten suchte, jedoch niemanden fand, der ihm zusagte. Außerdem erfuhr ich, dass sich der Roman zum einen auf seine eigene Familiengeschichte stützt, zum anderen auf das Gefühl, in einer katastrophalen Welt zu leben, die aber durch eine fast magische Substanz umgewandelt oder verbessert werden kann. Mit dem Titel *Like Plastik* – über das Wortspiel habe ich bereits gesprochen – wollte Flusfeder zum Ausdruck bringen, dass Dinge und Menschen formbar sind, dass sie sich verändern können. Es sei, so der Autor, die Idee des Möglichen, die im Plastik stecke. Er wollte die Leser dazu auffordern, Zuneigung für einen Stoff zu empfinden, der weithin als etwas Abwertendes und Billiges angesehen wird. Er wollte, dass sie Plastik mögen. Ob ihm das gelungen ist, sei dahingestellt.

Im Gegensatz zu Autoren wie Joseph Hausen und Franz Ulrich Gass, deren sich durch einen aufklärerisch-euphorischen Grundton auszeichnenden Werke in den Anfangsjahren des Plastikbooms erschienen, zeichnet Flusfeder ein multiperspektivisches Kunststoff-Panorama, das in seiner Vielstimmigkeit gerade auch die Schattenseiten des Materials zeigt. Völlig unvorteilhaft für diesen Werkstoff ist beispielsweise, dass ausgerechnet der egozentrische, machtbesessene, skrupellose und drogenabhängige Charlie plastikversessen ist. Unzweifelhaft färbt der schmierige Charakter dieses Protagonisten, dessen Fetisch lächerlich und zugleich abstoßend wirkt, auf das Material ab. Charlie eignet sich ebenso wenig als Werbefigur für Kunststoff wie die Comic-Figur *Plastic Man*, bei der es sich um eine Parodie der damals wie heute beliebten Superheldenfiguren handelt. Stefan Schweiger titelt völlig zurecht: »Plastic Man – aus Plastik formt man keinen Superhelden«.[63] Auch der nachdenkliche Howard vermag es nicht, sein Umfeld und die Leser*innen des Romans für das Material zu begeistern. Seine in die Tiefe weisende grüblerische Art steht in auffallendem Gegensatz zum Plastik, welches vornehmlich mit Flachheit resp. Oberflächlichkeit in Verbindung gebracht wird.[64] Zwar tritt er für Kunststoffe ein und betont deren Vorzüge, doch in seiner Zurückhaltung wirken die Aussagen stets etwas kraftlos – im Übrigen brachte Hans Schwippert Plastik mit »neuartige[n] Kräfte[n]«[65] in Verbindung, ein Konnex, der wie vieles andere im Rahmen dieses Aufsatzes ausgeblendet werden muss. Strahlkraft besitzen demgegenüber die Äußerungen von H.C. Willi, der eine elegante und elastische Plastik-Zukunft imaginiert:

---

63   Schweiger: Plastik, S. 78.

64   Rathe, Clemens (2020): Die Philosophie der Oberfläche. Medien- und kulturwissenschaftliche Perspektiven auf Äußerlichkeiten und ihre tiefere Bedeutung. Bielefeld: transcript, S. 112ff.

65   Schwippert: Mensch und Technik, S. 87.

*Fly me*, so brachte der romantische Tenor von Hoboken seine Serenade dar, *to the moon*. Wenn man uns zum Mond fliegt – nein, wenn wir selbst zum Mond hinauffliegen und immer weiter, zu den Sternen, diesen liebenswürdigen Welten, die wir in unseren Winternächten am Himmel glitzern sehen, was werden wir für Flügel tragen? Sie werden nicht aus Holz sein und nicht aus Federn, armer Ikarus. Bronze und Silber und Gold sind zu primitiv, zu unelastisch für uns. Während Eisen und Stahl wiederum weit unter unserer Würde sind, die Materialien eines schmutzigen, der Eleganz ermangelnden Zeitalters. Wir werden auf der Fahrt mit Luxuscocktailbars und Swimmingpools und Bibliotheken versehen sein, wenn wir uns rasch und effizient den Gestirnen nähern. Wir werden unsere Reisen und all unsere neuen Entdeckungen mit großzügiger Wohlgelauntheit genießen. Denn unsere Flügel werden aus Plastik sein.[66]

Kaum überraschend ist, dass Flusfeder die von ihm erdachte Festschrift, aus der diese Zeilen stammen, im Jahr 1962 erscheinen lässt, denn zu dieser Zeit blickten die Plastikapologet*innen ungetrübt in eine synthetische Zukunft. Plastik war ihnen mehr als nur bloßer Werkstoff. Als Wunder-Stoff sollte es die Welt erobern, was es ja dann auch tat. Inzwischen ist das Wunderbare in den Plastik-Erzählungen zwar nicht gänzlich abhandengekommen, doch wird es häufig vom schweren Ballast, der sich in den vergangenen Jahrzehnten angehäuft hat, erdrückt.

Was deutlich geworden sein sollte, ist, dass eine interdisziplinäre Studie über Kunststoffliteratur dazu beitragen kann, Geschichten, Narrative, Bedeutungen und Konstellationen ans Tageslicht zu bringen, die im Plastikdiskurs bislang nicht berücksichtigt wurden. Ein*e Pop-Literat*in würde es vielleicht so ausdrücken: »Mach Platz für's aufblasbare Einhorn und lass dich überraschen, Baby!«

## *Literaturverzeichnis*

Ahner, Dirk (Drehbuch)/ Theede, Christian (Regie) (2020): Die Pfefferkörner und der Schatz der Tiefsee.

Aqua (1997): Barbie girl. Youtube: https://www.youtube.com/watch?v=ZyhrYis509A. 19.06. 2022.

Bartels, Heiko/ Fischer, Gerhard/ Hüskes, Charly et al. (1985): Kunstflug über Ulm und anderswo. In: Breuer, Gerda/ Eisele, Petra (Hgg.) (2020): Design. Texte zur Geschichte und Theorie. Stuttgart: Reclam, S. 178–181.

Barthes, Roland (2020): Plastik [1957]. In: Mythen des Alltags. Vollständige Ausgabe. Aus dem Französischen von Horst Brühmann. Berlin: Suhrkamp, S. 223–225.

Böhm, Karl/ Dörge, Rolf (1959): Unsere Welt von morgen. Berlin: Neues Leben.

---

66 Flusfeder: Alles Plastik, S. 351.

Boote, Werner (Regie) (2009): Plastic Planet. Bundeszentrale für politische Bildung: https://www.bpb.de/lernen/filmbildung/189230/plastic-planet/. 27.05.2022.

Boxen, Martina van (Text und Regie) (2016): Nalu und das Polymeer.

Braun, Dietrich (2017): Kleine Geschichte der Kunststoffe. München: Carl Hanser.

Bunk, Anneliese/ Schubert, Nadine (2016): Besser leben ohne Plastik. München: oekom.

Clarke, Alison J. (2001): Tupperware. The Promise of Plastic in 1950's America. London: Smithsonian.

Collegium generale, Universität Bern (2021): Plastik – Magische Materie und globale Last. Universität Bern: https://www.unibe.ch/universitaet/universitaet_fuer_alle/collegium_generale/ringvorlesungen/fruehere_ringvorlesungen/vorlesungsreihen_detailseiten/plastik__magische_materie_und_globale_last_hs_2021/index_ger.html. 17.05.2022.

Daynes, Katie (2020): Alles über Plastik. Über 55 schlaue Fragen zum Thema Kunststoff und Recycling. Übersetzung aus dem Englischen von Suzy Dittmar. London: Usborne.

Dettmar, Ute/ Küpper, Thomas (Hgg.) (2007): Kitsch. Texte und Theorien. Stuttgart: Reclam.

Deutsches Kunststoffmuseum, Virtuelle Sammlung: https://www.deutsches-kunststoff-museum.de/sammlung/virtuelles-museum/. 27.05.2022.

Dominik, Hans (1936): Vistra, das weiße Gold Deutschlands. Die Geschichte einer weltbewegenden Erfindung. Leipzig: Hase & Koehler.

Dorey, Martin (2019): Schluss. Mit. Plastik. Was du konkret tun kannst, um den Wahnsinn zu stoppen. 30 Zwei-Minuten-Lösungen. Aus dem Englischen übersetzt von Martin Bauer. München: Heyne.

Einzinger, Erwin (1977): Lammzungen in Cellophan verpackt. Salzburg: Winter.

Fenichell, Stephen (1997): Plastic. Unser synthetisches Jahrhundert. Berlin: Rütten & Loening.

Flusfeder, David (1998): Alles Plastik. Aus dem Englischen von Joachim Kalka. Frankfurt am Main: S. Fischer.

Gass, Franz Ulrich (1956): Cellophan. Erfindung und Welterfolg, hrsg. zum 50 jährigen Arbeitsjubiläum von Adolf Todt bei der KALLE & Co. Aktiengesellschaft Wiesbaden-Biebrich 29./30. Juni 1956, Eßlingen: Kalle.

Glimbovski, Milena (2017): Ohne Wenn und Abfall. Wie ich dem Verpackungswahn entkam. Köln: Kiepenheuer & Witsch.

Glück, Simone (2019): Plasticaeum – a travel through the age of plastics. Website der Designerin: https://www.simoneglueck.com/project/plasticaeum. 17.05.2022.

Glück, Simone (2019): Plasticaeum. Eine interaktive Reise durch die Geschichte des Kunststoffes. Hochschule Augsburg: https://showcase.hs-augsburg.de/2019/plasticaeum. 17.05.2022.

Grande, Jasmin (Hg.) (2022): Glasgalaxien. Über Avantgarde. Berlin: De Gruyter.

Grossmann, Yves Vincent (2018): Von der Berufung zum Beruf. Industriedesigner in Westdeutschland. 1959–1990. Bielefeld: transcript.

Hausen, Josef (1957): Wir bauen eine neue Welt. Das Buch der Kunststoffe und Chemiefasern. Berlin: Safari.

Heubach, Friedrich W. (1987): Das bedingte Leben. Theorie der psycho-logischen Gegenständlichkeit der Dinge. Ein Beitrag zur Psychologie des Alltags. München: Fink.

Hornuff, Daniel (2020): Die Fragwürdigkeit des guten Designs. In: Pop. Kultur und Kritik, Heft 16, S. 35–40 (https://pop-zeitschrift.de/2022/05/31/die-fragwuerdigkeit-des-guten-des ignsautorvon-daniel-hornuff-autordatum31-5-2022/. 24.09.2022).

Hulová, Petra (2013): Dreizimmerwohnung aus Plastik. Köln: Kiepenheuer & Witsch.

Körperwelten: https://koerperwelten.de. 23.09.2022.

Kries, Mateo/ Eisenbrand, Jochen/ Hoffmann, Mea et al. (Hgg.) (2022): Plastik. Die Welt neu denken. Weil am Rhein: Vitra Design Museum.

Kunstflug (1989): Hocker »Max Schrill«. Deutsche digitale Bibliothek. https://www.deutsche-digitale-bibliothek.de/item/XILBX2AGCOBZGIVETIMS7QXBU3W3RYEH. 27.05.2022.

Layton, Neal (2020): Für eine Umwelt ohne Plastik. Aus dem Englischen übersetzt von Britta Meinass. Hamburg: Carlsen.

Ludwig, Jan (2014): Kunststoffe sind ein Traum für Chemiker: Wer nur lange genug kocht und rührt, findet womöglich ein Rezept für Plastik. Denn die Geschichte der Kunststoffe ist auch eine Geschichte der glücklichen Zufälle. In: fluter 52, S. 6–7.

McCallum, Will (2018): Wie wir Plastik vermeiden … und einfach die Welt verändern. Aus dem Englischen von Thomas Pfeiffer und Martin Bayer. Berlin: Ullstein.

Meier-Drave, Christa (2021): Nylons mit Naht. Mädchenjahre in den Fünfzigern. Bielefeld: Aisthesis.

Meinecke, Thomas (2000): Tomboy. Frankfurt am Main: Suhrkamp.

Mienes, Karl (1965): Das Plasticaeum. Über Kunststoffe (Plastics) und ihre Wegrichtung. Essen: Girardet.

Noucher, Sophie (2019): Bye-Bye Plastik! Besser leben ohne Kunststoff. Königswinter: Heel.

O.N. (1936): Cellophan. Der Erfinder: ein Schweizer. In: Zürcher Illustrierte 12, S. 1166–1186.

O.N. (1954): Weltall, Erde, Mensch. Ein Sammelwerk zur Entwicklungsgeschichte von Natur und Gesellschaft. Berlin: Neues Leben.

Presse- und Informationsdienst der Bundesregierung (2021): Einweg-Plastik wird verboten. Die Bundesregierung: https://www.bundesregierung.de/breg-de/themen/nachhaltigkeitspolitik/einwegplastik-wird-verboten-1763390. 17.05.2022.

Priesner, Claus (2015): Chemie. Eine illustrierte Geschichte. Stuttgart: Konrad Theiss.

Rathe, Clemens (2020): Die Philosophie der Oberfläche. Medien- und kulturwissenschaftliche Perspektiven auf Äußerlichkeiten und ihre tiefere Bedeutung. Bielefeld: transcript.

Ratzesberger, Pia (2019): Plastik. 100 Seiten. Ditzingen: Reclam.

Reckmann, Tim (2009): Plastikpacker. Drei Jahre als männliche Tupperware-Beraterin. Norderstedt: Books on Demand.

Reich, Annika (2003): Teflon. Frankfurt am Main: Suhrkamp.

Rettig, Sascha (2010): Interview – »Der Film ist meine Entdeckungsreise«. Ein Gespräch mit Werner Boote über die Entstehung seiner Dokumentation Plastic Planet und über das, was er damit erreichen möchte. Bundeszentrale für politische Bildung: https://www.bpb.de/lernen/filmbildung/189245/interview-der-film-ist-meine-entdeckungsreise/. 27.05.2022.

Rohde, Carsten (2015): Plastic Fantastic. Stichwörter zur Ästhetik des Kunststoffs. In: Heibach, Christiane/Rohde, Carsten (Hgg.): Ästhetik der Materialität, Paderborn: Fink, S. 123–144.

Rübel, Dietmar (2012): Plastizität. Eine Kunstgeschichte des Veränderlichen. München: Schreiber.

Rübel, Dietmar/ Wagner, Monika/ Wolff, Vera (Hgg.) (2017): Materialästhetik. Quellentexte zu Kunst, Design und Architektur. Berlin: Reimer.

Rubin, Eli (2021): Plaste, Gestaltung und Sozialismus in Ostdeutschland. In: Vitra Design Museum/ Kunstgewerbemuseum, Staatliche Kunstsammlungen Dresden/ Wüstenrot Stiftung (Hgg.): Deutsches Design (1949 – 1989). Zwei Länder, eine Geschichte. Weil am Rhein: Vitra Design Museum, S. 162 – 171.

Samida, Stefanie/ Eggert, Manfred K. H./ Hahn, Hans Peter (Hgg.) (2014): Handbuch Materielle Kultur. Bedeutungen – Konzepte – Disziplinen. Stuttgart/ Weimar: Metzler.

Schilling, Thorsten (2014): Editorial. In: fluter 52, S. 3.

Scholz, Susanne/ Vedder, Ulrike (Hgg.) (2018): Handbuch Literatur & Materielle Kultur. Berlin: De Gruyter.

Schweiger, Stefan (2020): Plastik. Der große Irrtum. München: riva.

Schwippert, Hans (1952): Mensch und Technik. In: Rübel, Dietmar/ Wagner, Monika/ Wolff, Vera (Hgg.) (2017): Materialästhetik. Quellentexte zu Kunst, Design und Architektur. Berlin: Reimer, S. 84 – 87.

Seckendorff, Eva von (2003): Wir schmeißen die Gold- und Silberschmiede raus und richten ein Kunststofflabor ein! In: Rinker, Dagmar (Hg.): Ulmer Modelle – Modelle nach Ulm. Hochschule für Gestaltung Ulm 1953 – 1968. Ostfildern-Ruit: Hatje Cantz, S. 100 – 105.

Su, Shia (2019): Zero Waste. Weniger Müll ist das neue Grün. Linz: freya.

Vitra Design Museum/ Kunstgewerbemuseum, Staatliche Kunstsammlungen Dresden/ Wüstenrot Stiftung (Hgg.): Deutsches Design (1949 – 1989). Zwei Länder, eine Geschichte. Weil am Rhein: Vitra Design Museum.

Wagner, Alexander (2022): Bücher mit Stoffbezug. Der nationalsozialistische Vierjahresplan und der synthetische Kolonialismus in der deutschsprachigen Populärliteratur. Paderborn: Fink.

Wagner, Monika (2013): Das Material der Kunst. Eine andere Geschichte der Moderne. München: Beck.

Wagner, Monika/ Rübel, Dietmar/ Hackenschmidt, Sebastian (Hgg.) (2012): Lexikon des künstlerischen Materials. Werkstoffe der modernen Kunst von Abfall bis Zinn. München: Beck.

Waidner, Isabel (2019): Geile Deko. Aus dem Englischen übersetzt von Ann Cotten. Berlin: Merve.

Wegner, Jochen/ Amend, Christoph (Interviewer) (seit 2018): ZEIT-Podcast: Alles gesagt?

Wiggert, Veronika (2020): Die Klima-Checker. Schluss mit Plastik. Berlin: World for Kids.

*Melanie Reichert*

## Rezension zu Andrea Allerkamp/Sarah Schmidt (Hg.) (2021): Handbuch Literatur und Philosophie

Berlin, Boston: De Gruyter (= Handbücher zur kulturwissenschaftlichen Philologie, hrsg. von Claudia Benthien, Ethel Matala de Mazza und Uwe Wirth, Band 11), 623 S., ISBN 978-3-110-48117-4

Verhältnisbestimmungen deuten zunächst auf eine Krise hin. Sie manifestieren sich nämlich da, wo Konturen verschwimmen und somit fraglich werden. Für kulturelle Formen bedeutet dies, dass ihre Profile nicht mehr evident sind, ihre Relevanz und epistemische Wirkmächtigkeit nicht mehr unmittelbar gegeben scheint. Man muss sich orientieren. Von genau dieser Krise sind Literatur und Philosophie in den letzten Jahren zunehmend erfasst worden. Als deren Ausdruck lassen sich zwei Phänomene identifizieren, die – mit unterschiedlichen Vorzeichen – sowohl Literatur als auch Philosophie betreffen: So hat eine zunehmende Betonung des Singulären, wie sie in den philosophisch-literarischen Randgängen von beispielsweise Adorno, Barthes oder Lyotard vorgenommen wird, die Frage verschärft, was überhaupt noch philosophisch thematisierbar sein kann.

Gleichzeitig lässt sich eine Überbetonung des Nützlichen beobachten: Während sich die Methoden und Darstellungsformen der akademischen Philosophie mehr und mehr den Gepflogenheiten eines verkürzt verstandenen Wissenschaftspositivismus anzunähern scheinen, sieht sich die Literatur, zusammen mit anderen Künsten, zunehmend mit der Erwartung gesellschaftlicher Nutzbarmachung konfrontiert – sei sie epistemisch oder politisch grundiert, Kunst ›als Wissenschaft‹ oder ›als politisch‹ verstanden. Es bleibt zu fragen, ob hierbei nicht spezifische widerständige Potentiale von Philosophie und Literatur unterschlagen werden, die vielleicht gerade in der Fähigkeit zum dialektischen Bruch mit dem epistemisch und politisch-moralisch Gewohnten bestehen. Die Subversivität solcher Interventionen bestünde dann darin, dass sie indirekt und ergebnisoffen verlaufen, sich also wissenschaftlichen und politischen Nutzenerwägungen entziehen.

Nicht nur, weil sie sich das Medium Sprache teilen, sondern vor allem in dieser dialektischen Offenheit sind Literatur und Philosophie verschwistert. Das von Andrea Allerkamp und Sarah Schmidt herausgegebene *Handbuch Literatur und Philosophie* verfolgt das anspruchsvolle wie überfällige Projekt einer zeitgenössischen Befragung des Verhältnisses beider Phänomene. Dabei bietet es eine Fülle an Angeboten zur Reflexion wissenschaftsgeschichtlicher Situierungen von Fragestellungen und Relevanzbehauptungen. Unterteilt ist das Handbuch in vier Abschnitte. Der erste Teil bietet zwei einführende Texte der Herausgeberinnen, in denen der Problemkomplex sowie inhaltliche Entscheidungen und systematische Ansprüche offengelegt werden. Hier wird das Verhältnis von Literatur und Philosophie jeweils akzentuiert befragt, ohne Zuflucht zu simplen, schablonenhaften Frageschemata und Übertragungen zu suchen.

Schmidt[1] problematisiert offen eine Verschränkung von Kunst und Wissenschaft aus institutionspolitischen Gründen. Es wäre hierbei aber zu einfach, das Verhältnis von Literatur und Philosophie auf eine solche Dichotomie zurückzuführen. Es ist eine Stärke des Bandes, dass er an solchen Stellen auch institutionspolitisch heikle Fragen aufwirft, etwa die Frage nach der Setzung, es handele sich bei der Philosophie um eine Wissenschaft[2] – die weder selbstverständlich noch in der Tradition unwidersprochen dasteht.

So wird schnell klar, dass das Handbuch eine hochkomplexe Konstellation in den Blick nimmt. Demgemäß kann ein solches Unterfangen gar nichts anderes sein als eine wohlreflektierte Heuristik. Eine präzise Bestimmung des Verhältnisses von Literatur und Philosophie ist kaum möglich, daher versteht sich das Handbuch zurecht vielmehr als eine thematisch gerahmte Befragung eben dieses Verhältnisses. Allerkamp verweist in ihren einleitenden Bemerkungen mit Recht darauf, dass diese »immer nur im Modus des Exemplarischen«[3] erfolgen kann. Diese methodische Ausrichtung und Begrenzung ist zu begrüßen, handelt es sich bei literarischen Texten doch um singuläre Kunstwerke.

Zum anderen verweist das Handbuch gerade durch seine methodische Anlage auf den prekären Status philosophischer Systematizität. Dementsprechend spüren die thematisch vielfältigen, gleichwohl didaktisch sorgsam gerahmten Untersuchungen des Bandes der Spannung von Nähe und Abgrenzung sowie dem Reichtum der Formen nach, in denen das Verhältnis von Philosophie und Literatur erscheint. Als dramaturgisch interessant wie hilfreich erweist sich dabei besonders die »trichterförmige Struktur«[4] des Handbuchs, das vom Allgemeinen zum Besonderen fortschreitet und dadurch weder die Eigensinnigkeit des Literarischen preisgibt noch die – behelfsmäßige wie unverzichtbare – Systematizität des Philosophischen. Dies alles erfolgt mit dem Ziel eines »Nebeneinander«[5], das sich eher dem Verfahren des Sammelns in der

---

1  Schmidt, Sarah (2021): Grenzräume – Grenzverhandlungen. Überlegungen zur Verhältnisbestimmung von Philosophie und Literatur. In: Allerkamp, Andrea/Schmidt, Sarah (Hgg.): *Handbuch Literatur und Philosophie*. Boston: De Gruyter, S. 27.

2  Hierauf macht Schmidt mit Verweis auf Christiane Schildknecht aufmerksam, ebd. S. 26.

3  Allerkamp, Andrea/Schmidt, Sarah (2021): Vorbemerkung, ebd. S. 3.

4  Ebd.

5  Ebd.

Tradition Alexander Gottlieb Baumgartens verpflichtet weiß als der vermeintlichen Geschlossenheit definitorischer Ansätze.

Der zweite Teil des Handbuchs bietet Auseinandersetzungen mit Form und Funktion von Literatur unter Zuhilfenahme thematischer Einklammerungen. Hilfreich ist, dass diese jeweils in kleinen Einleitungskapiteln dargestellt werden. Hierzu gehören die Komplexe Ästhetik und Epistemologie, Modi von Wirklichkeit, Wahrscheinlichkeit und Fiktion sowie das Verhältnis von Rhetorik und Poetik. Außerdem behandelt wird der Bezug von Literatur zu Vernunft und Wissen sowie zu Ethik und gesellschaftlicher Praxis.

Der dritte Teil des Bandes wirft Schlaglichter auf literarische Formen, die sowohl für die Philosophie als auch für die Literatur relevant sind. Hier zeigt sich dann stärker sein Handbuchcharakter. Literarische Formen wie Brief, Essay, Utopie werden mit Blick auf ihre »epistemische Relevanz«[6] und ihren didaktischen Charakter untersucht.

Der letzte Teil des Handbuchs stellt die Frage nach der Philosophie ins Zentrum. Er präsentiert eine Sammlung von Detailstudien, die entlang der paradigmatischen Fluchtlinien von Philosophie über, als und in Literatur organisiert ist. In diesem Vorgehen reflektiert eine entscheidende Herausforderung: Zum einen gibt es nicht »die Literatur«, genauso wenig sind aber zum anderen kleinteilige »philologische Monologe«[7] zielführend.

Die Beiträge innerhalb des Handbuchs werfen einen differenzierten Blick auf das Verhältnis von Literatur und Philosophie als zwei Formen des Weltbezugs. Das betrifft glücklicherweise auch Zuschreibungen, die häufig an beide herangetragen werden. So wird öfter ein vermeintlicher Herrschaftsanspruch der Philosophie thematisiert, eine derzeit beliebte Diagnose, die sich mit Blick auf den Formenreichtum der Tradition durchaus in Frage stellen lässt. Es bleibt angesichts solcher Unterstellungen kritisch zurückzufragen, was es über die Philosophie und ihren vermeintlichen Anspruch auf das letzte Wort aussagt, dass sie sich immer wieder literarischer, also epistemisch widerständiger Formen bedient. Zudem kann auch Philosophie nicht als Monolith betrachtet werden, was besonders Björn Hambsch und Schmidt hervorheben.[8] Um Einseitigkeiten zu vermeiden, hätte sich auch eine Kritik der Institutionen und ihrer Produktionsmodi an beide Formen zu richten.

Besonders an diesen systematischen Stellen zeigt sich das Potential der historischen Betrachtungsweise, die sich in vielen der Artikel findet. Der Blick in die Geschichte

---

[6]  Ebd. S. 4.

[7]  Allerkamp, Andrea (2021): Literatur und Philosophie: Urszenen, Konstellationen, Anekdoten und Bilder. In: ebd. S. 9.

[8]  Hambsch, Björn (2021): Rhetorik und Poetik. Einleitung. In: ebd. S. 104. Außerdem Schmidt: Grenzräume – Grenzverhandlungen, S. 25.

bewahrt oftmals davor, Fronten zu vermuten, wo gar keine sind, wie etwa Sophie Witt[9] mit Bezug zum *ethical turn* zeigt. Besonders hervorzuheben sind in diesem Zusammenhang die Artikel zu größeren Problemkomplexen wie beispielsweise zu Vernunft und sinnlicher Erkenntnis oder zum Verhältnis von Wirklichkeit und Fiktion. Autorinnen und Autoren wie Hans Adler und Angela Gencarelli gelingt es, die Balance zwischen historischer Tiefenbohrung und sehr gut greifbarer Überblicksdarstellung zu halten.

Das Handbuch zeigt sich durchgehend der Einsicht verpflichtet, dass sich keine klaren Grenzen zwischen Philosophie und Literatur ziehen lassen. So helfen die kleineren Einzelstudien im letzten Teil des Bandes durch ihren Sammlungscharakter dabei, auch die Trennung der beiden historisch und kulturell zu situieren. Dazu zeigen sie eine variantenreiche Spannung aus Methodenreflexion und der Performativität des »*telling* und *showing*«[10] etwa bei Friedrich Nietzsche, Michel de Montaigne und Konfuzius.

Sich der historisch und systematisch aufweisbaren Diffusion von Philosophie und Literatur verpflichtet zu sehen, muss aber keinesfalls in die Undeutlichkeit führen, wie der Band sehr schön zeigt. Es kommt nun vielmehr auf gestalterische Entscheidungen an: So sind Assemblage und Figuration, Verfahren des Hervortretenlassens also, seine methodischen Prinzipien. Das ist auch inhaltlich konsequent: Sich über die Literarizität der Philosophie aufzuklären und literarische Formen als nicht-propositionale Erkenntnisformen ernst zu nehmen, beinhaltet immer auch die Einsicht in die prinzipielle Fragwürdigkeit abgeschlossener Erkenntnis. Eine Nähe von ästhetischer und wissenschaftlicher Form zu behaupten, erschöpft sich keinesfalls in den Feststellungen, die Kunst gehe auch experimentell vor oder ›generiere‹ Erkenntnisse. Die epistemologische Provokation des ästhetischen Denkens liegt darin, auf die wesentlich behelfsmäßigen Konfigurationen unseres Welterkennens zu zeigen – um gerade darin zu einem Staunen zu finden. Eben damit aber wird dieses Denken auch zu einer ethischen Provokation: Es konfrontiert mit der Unabweisbarkeit gestalterischer Verantwortung. Dazu mag die Einsicht gehören, dass bestimmte Entscheidungen gerade nicht im Raum von Kunst und Philosophie getroffen werden können – weil beide nämlich Verfahren sind, die Dinge zunächst einmal in die Schwebe zu bringen.

Ungefragt bleibt bei all dem allerdings, was der Einsatz eines nicht empirisch fundierten, begrifflich-argumentativen Denkens sein könnte, warum sich also die Literatur, wie überhaupt die Künste, zur Philosophie hingezogen fühlt. Gegenwärtige Verkaufszahlen legen den Schluss nahe, dass die Literatur eine unterstellte epistemische Aufwertung durch das Anschmiegen an die Philosophie am Ende gar nicht nötig hat. Nicht nur wirtschaftlich steht die Siegerin fest. Es wäre also weitergehend zu fragen, ob es einen genuinen Einsatz des philosophischen Denkens gibt, der sich vielleicht gar in

---

9   Witt, Sophie (2021): Literatur und Ethik. Einleitung. In: ebd. S. 218f.
10  Specht, Benjamin (2021): Konfizius: Gespräche. In: ebd. S. 460 (Herv. i. O.).

Abgrenzung zum künstlerischen und wissenschaftlichen Denken fassen lässt. So verweist Dirk Quadflieg in seiner Studie zu Nietzsches Aphoristik auf die größere Hermetik des Literarischen[11]. Zu dieser hätten sich dann, geht man weiter, auch Erwartungen an die gesellschaftliche Interventionskraft der Literatur zu verhalten. Die Frage einer positiven Abgrenzung auch der philosophischen Form könnte mit nun verändertem Blick auf die eigenen Begrenzungen neu gestellt werden, zumal aus den genannten Gründen der Befund naheliegt, dass sich die Philosophie gegenwärtig in einer viel größeren Krise befindet als die Literatur.

Was die Literatur für die Philosophie leisten kann, erweist sich auch im *Handbuch Literatur und Philosophie* als einfacher zu beantworten. Sie kann ihre Schwesterdisziplin dazu erziehen, nicht mehr »philosophisch zu belehren«, sondern sich einzulassen auf ein »freies Spiel«, in dem Verstehensbrüche als lustvoll erfahren werden können.[12] Möglicherweise, so schreibt Allerkamp, ließe sich »aus diesem Lustgewinn selbst wiederum [ein] Erkenntnisgewinn« ziehen – ein Gedanke, den übrigens Barthes, einer der großen Balancekünstler zwischen Philosophie und Literatur, von Brecht übernimmt.[13]

Die Möglichkeit, eine solche lustvolle Schwebe herzustellen, liegt in der Ästhetizität des Literarischen begründet, wie besonders das Kapitel zur sinnlichen Erkenntnis zeigt. Steffi Hobuß verdeutlicht hier, wie die philosophische Phänomenologie und Literaturtheorie das Ästhetische im 20. Jahrhundert mehr und mehr in seiner Ambiguität fassen.[14] Was könnte es bedeuten, diese Ambiguität des ästhetischen Mediums Sprache einmal als Chance zu begreifen? Es könnte bedeuten, unter dem Druck des Nützlichkeitsparadigmas und des Meinungsmarktes zu Räumen zurückzufinden, in denen zur Abwechslung einmal nichts entschieden werden muss, keinerlei Stellung zu beziehen ist und in denen man sich doch vom Text ›gemeint‹ weiß. Um dieses Potential der

---

11 Quadflieg, Dirk (2021): Nietzsche: Aphorismen. In: ebd. S. 483.

12 Allerkamp: Literatur und Philosophie, S. 10.

13 Allerkamp ebd. Roland Barthes scheibt in *Die Lust am Text:* »Sich eine Ästhetik ausdenken, (wenn das Wort nicht zu sehr entwertet ist), die restlos (vollständig, radikal, in jeder Hinsicht) *auf der Lust des Konsumenten* beruhte, wer er auch sei, welcher Klasse, welcher Gruppe er auch angehörte, ohne Ansehen der Kulturen oder Sprachen: die Folgen wären enorm, vielleicht sogar umwerfend (Brecht hat solch eine Ästhetik der Lust entworfen; von all seinen Vorschlägen vergißt man diesen am häufigsten).« (Barthes, Roland (2010): *Die Lust am Text*, aus dem Französischen von Traugott König, Frankfurt/M.: Suhrkamp, S. 87) Und bei Brecht heißt es: »Es ist nicht genug verlangt, wenn man vom Theater nur Erkenntnisse, aufschlussreiche Abbilder der Wirklichkeit verlangt. Unser Theater muss die LUST am Erkennen erregen, den Spaß an der Veränderung der Wirklichkeit organisieren.« (Brecht, Bertolt (1994): *Werke. Große kommentierte Berliner und Frankfurter Ausgabe* hg.v. Werner Hecht, Bd. 25. Frankfurt/M.: Suhrkamp, S. 428.).

14 Hobuß, Steffi (2021): Die Literatur und die Lüste: Phänomenologie der Sinne und die Frage nach der Erkenntnisfunktion von Lachen, Komik, Lust und Begehren. In: ebd., hier bes. S. 65.

Literatur – wie einer sich stärker literarisch begreifenden Philosophie – einzulösen, um die Schwebe der *epoché* aushalten zu können, dazu bedürfte es allerdings einer »Kunst der Auslegung«[15], die sich den Luxus des Behelfsmäßigen leistet. Dass uns eine solche wieder vermittelt werde, das könnte – auch angesichts der gegenwärtigen Tristesse akademischer Schreibformen – doch mal ein echtes politisches Programm werden. Das *Handbuch Literatur und Philosophie* empfiehlt sich Interessierten dadurch, dass es nicht nur die systematisch sorgsam kuratierte, höchst aufschlussreiche Sichtung eines komplexen Verhältnisses bietet. Es regt auch ein tieferes Nachdenken darüber an, welche kulturellen Tatsachen mit dem Anerkennen der Verschwisterung von Literatur und Philosophie herausgefordert werden.

*Literaturverzeichnis*

Allerkamp, Andrea/Schmidt, Sarah (Hgg.) (2021): *Handbuch Literatur und Philosophie.* Boston: De Gruyter.
Barthes, Roland (2010): *Die Lust am Text,* aus dem Französischen von Traugott König, Frankfurt/M.: Suhrkamp.
Brecht, Bertolt (1994): *Werke. Große kommentierte Berliner und Frankfurter Ausgabe* hg.v. Werner Hecht, Bd. 25. Frankfurt/M.: Suhrkamp.

---

15   Quadflieg: Nietzsche, S. 483.

*Massimo Palma*

## Rezension zu Björn Bertrams/Antonio Roselli (Hg.) (2021): Selbstverlust und Welterfahrung. Erkundungen einer pathischen Moderne

Wien, Berlin: Turia + Kant, 431S., ISBN 978-3-85132-993-3

Gibt es die Möglichkeit, eine echte Erfahrung der Welt zu machen, ohne das betrachtende Selbst damit zu verlieren? Diese Grundfrage ruft eine Reihe komplizierter Antworten hervor, die in der Durchkreuzung verschiedener Disziplinen – Anthropologie, Ethnologie, Philosophie, Soziologie – wissenschaftliche, aber auch literarische Implikationen aufweisen. Und tatsächlich: »Die affektive Dimension des Selbstverlusts lässt sich schwerlich auf der Basis ideenhistorisch tradierter Formen des Aktivseins (Können, Vermögen, Willenskraft, Handeln) erfassen« (S. 12). Das bedeutet, dass die Kategorie der Passivität die drei Hauptteile dieses von Björn Bertrams und Antonio Roselli herausgegebenen Buches mit all ihren Aufsätzen beherrscht. Zwischen einer kontemplativen und einer aktiven Haltung gibt es – so die Herausgeber – immerhin eine weitere Dimension, die die philosophische Anthropologie erst im letzten Jahrhundert mit Aufmerksamkeit beobachtet hat. (Aufmerksamkeit: was für ein ›topos‹, was für eine räumliche Grundhaltung und sogleich was für ein deiktischer Hinweis auf eine chora, eine Leere, die nicht zu erfüllen, sondern zu akzeptieren ist, wie sie ist). Der Begriff ›Passivität‹ verweist dabei auf ein semantisch breit kodiertes Feld für eine »post-praxeologische« Reflexion, die den »Heteronomieaspekt menschlichen Tuns« (Bertrams, S. 23) zu unterstreichen vermag: Das heißt, einige Kriterien zu finden, die das soziologische Diktat der Zentralität des sozialen Handelns – in ihrem willkürlichen Sinn verstanden – in eine theoretische Perspektive umkehren können, die es ermöglicht, das soziale Leben als passives zu betrachten.

Welche Zugänge zur Passivität zeigt der vorliegende Band auf? Und welches politische Potential beinhalten die unterschiedlichen passivitätstheoretischen Ansätze? Das Buch skizziert drei verschiedene Gebiete möglicher Antworten, die in drei Sektionen gegliedert sind. Die erste, ›Pathos und Ethos‹, rekonstruiert »Kategorien wie Praxis, die Trias von *vita activa*, *vita contemplativa* und *vita passiva*, aber auch Formen der Selbstlosigkeit und der Selbstbehauptung« (S. 13), stets von einem theoretischen Standpunkt aus betrachtet. Die zweite, ›Sensorik und Ästhetik‹, »setzt bei den Phänomenen des Selbstverlusts an, um deren körperliche, sinnliche und ästhetische Dimension auszuloten« (S. 13). Im dritten Teil, ›Grenzerfahrung und Erkenntnis‹, werden die »unterschiedlichen Bezüge, die zwischen Grenzerfahrung und Erkenntnis bestehen« (S. 13), bei Gelehrten und Schriftsteller*innen untersucht, die über Fragen der ethnologischen Feldarbeit und ihre ethische Reflexivität nachgedacht haben. Das Thema der (zugleich theoretischen und poetischen) Produktivität des Zustands des Loslassens stellt dabei den Grundgedanken dar, der die verschiedenen Beiträge durchzieht.

Die siebzehn Autor*innen dieses vierhundertseitigen Bandes versuchen nicht nur, wie Joachim Fischer es in seinem Beitrag tut, die Phänomene der *vita passiva* als zentrale Ereignisse des täglichen Lebens und des Selbstverhältnisses aufzulisten – Atmung, Digestion, Schlaf, Schmerz, Lachen und Weinen, Erotik und Ekstatik, Gebären und Geborenwerden, Wachstum und Reifung, Affekte, Passionen, Leidenschaften, Widerfahrnis des Anderen, Musik und Tanz, Sterben, Träumen, Meditation, Kreativität (eine gewiss heterogene, doch komplex durchdachte Liste). Das Ziel ist es auch, eine »Ausrichtung des Praxisvokabulars auf die materiellen und körperlichen Aspekte des Sozialen« vorzunehmen (Bertrams, 49). Was kann eine solche Ausrichtung bedeuten? Eine philosophische Wende heraus aus der Moderne, wenn, so Oliver Precht ausgehend von Bruno Latour, »die Welt der Modernen, die sich (fast) über die gesamte Oberfläche des Planeten erstreckt, verloren [ist]« (S. 71)? Würde die Perspektive dieses Sammelbandes lediglich einen weiteren Schritt jenseits des Diskurses der Neuzeit darstellen, wäre das möglicherweise auch interessant, aber nicht so originell. Der Kern des Buches liegt hingegen darin, dass das Passive umgewertet werden soll, um es so für erkenntniskritische und politische Kräfte zu gewinnen. Wie Héla Hecker in ihrem Beitrag über Hannah Arendts *The Human Condition* schreibt, ist »einerseits Handeln eine wundersame Kraft, andererseits eine zu erleidende Macht« (S. 133). Überdies ist der Handelnde selbst wie seine Mitmenschen den Folgen seines Tuns stets ausgesetzt: »[G]egen die Konsequenzen seiner beginnenden Tat ist auch er nicht gefeit« (S. 141). Passivität steht also gleich am Anfang.

Eine der Grundhypothesen des ganzen Sammelbandes dreht sich um die sozialen Folgen des ›Ichverlusts‹. Sandra Janssen demonstriert in ihrer parallel geführten Analyse von Sartre und Hermann Broch, dass »in der tiefsten Schicht, die Broch als den ›Ur-Humus‹ der menschlichen Seele bezeichnet, [...] auch zwischen subjektivem und Massen-Erleben nicht mehr unterschieden werden« kann (S. 163). Die Ambivalenz einer solcher Vorstellung der individuellen Auflösung in der Masse lässt sich bei totalitären Herrschaftssystemen leicht auffinden. Man könnte hinzufügen, dass auch liberale Demokratien die Aufgabe haben sollten, von ihrem Standpunkt aus »die Reihe der politischen ›Selbstlosigkeits‹-Beispiele« (S. 167) zu behandeln. Wenn man passive Stimmungen in sozial bedingten Situationen (›Situativität‹) sucht, findet man sie natürlich nicht nur in totalitären Landschaften, sondern auch in formell demokratischen Systemen, die die Massen durch Medien leiten und unterschiedliche Schichten der Passivität mit allerverschiedensten Techniken bewältigen. Solche Techniken agieren aber nicht mehr mit Wörtern, sondern mit Bildern.

Wie Martin Treml in seinem Aufsatz über Aby Warburgs *Bilderatlas* bemerkt, handelt es sich bei diesem Atlas um einen Abschied vom Logozentrismus (und Aktivismus): »davon entbindet uns das Kino ebenso wie der Bilderatlas, freilich auf eine unverantwortliche Art, die jedoch wie in der Psychoanalyse die freie Assoziation befeuert und neue Erkenntnisse gewinnen lässt« (S. 275). Einen Bilderatlas im kunst- oder ideengeschichtlichen Sinn zu bilden und zu ordnen, heißt, ein Reich der freien Assoziation zu legitimieren, eine *bricolage* im Sinne vom ›wilden Denken‹ Lévi-Strauss'. Die *Montage* – so könnte man sagen – ist die genuine Kehrseite der passiven Haltung – wie es schon der Surrealismus postuliert und ausgeübt hatte, wenn auch mit einem Akzent auf dem ›Automatismus‹ des Unbewussten, der heute, fast ein Jahrhundert später, nicht mehr so eindeutig wirkt. So machen die Nachwirkungen des Surrealismus in den verflochtenen Gebieten der Literatur und Anthropologie einen weiteren Leitfaden des Buches aus (siehe etwa, wie Elisabeth Heyne die »fiktionale Wissenschaft des Selbstverlusts« (S. 173) in einer Schlüsselfigur wie Roger Caillois betrachtet, der als junger Surrealist nicht ohne gute Gründe von Walter Benjamin stark kritisiert wurde).

In der Zeit, die solche Folgen des surrealistischen Denkansatzes thematisiert, werden Anthropologie und Ethnologie zum Reich bilderstürmerischer Mächte. Man wird nämlich weder ein Bild des ›Anderen‹ so aufrechterhalten können, wie es am Anfang einer ethnologischen Forschungsreise war, noch das Bild von einem erklärenden, festen, neue Welten entdeckenden Selbst. Aber das Bewusstsein von der Unausweichlichkeit der Selbstentfremdung während ethnographischer Erkundungsreisen bedeutet nicht nur, wie Rosa Eidelpes mit Recht betont, eine selbstreflexive und zeitweise literarische Bewegung »gegen das dominante, europäische und eurozentrische Hegelsche Modell der Subjektwerdung« (S. 310), sondern auch eine neue Beziehung zum Sich-Selbst-als-schreibendem-Subjekt. Das illustriert zum Beispiel Michel Leiris' *L'Afrique fantôme*, aber auch seine fiktionale Biographie des Selbst seit *L'Age d'Homme*. Wie Elisabeth Heyne in ihrem Beitrag suggeriert, ist die Rolle der Fiktion nicht nur ein ›erzählendes‹ Mittel oder narratives Surrogat der (anthropologisch bestimmten) Wissenschaften: Die Strategie eines Roger Caillois »ermöglicht« nämlich, »einen Blick auf die fiktionale Rückseite wissenschaftlicher Praktiken zu werfen« (S. 175). Erzählte Depersonalisierung und innere Auflösung können den Lesenden helfen, den Wechsel der hier zu verfolgenden Logik gegen den ›Parasiten‹ schließlich zu erkennen: Caillois' Verfahren erlaubt den »Bewusstseinstausch zwischen Gast und Wirt« (S. 189), als analogen Schritt zu demjenigen zwischen Selbst und Anderen, Kultur und Wildnis, Fiktion und referenzieller Wirklichkeit in einem Text, auch wenn dieser wissenschaftlicher Natur ist. Es dreht sich nicht nur darum, literarische Taktiken auszuarbeiten, die in der Lage sind, die Wahrheit durch textuelle Fäden zu enthüllen, sondern auch um implizite oder explizite Strategien, wie Michel Foucault sie in seiner allerletzten Vorlesung am Collège de France (*Der Mut zur Wahrheit*) verfolgt: um eine Technik der gesagten, erlebten, eingeübten Materialität, wie sie im kynischen Gedanken sichtbar wird (was Kathrin Busch glänzend als »Athletik des Verworfenen« definiert, S. 215). Ein solches Verfahren kann schließlich ein Wissen produzieren, das nicht durch Willen und Macht beherrscht wird, sondern eher von der Sorge um eine ›physische‹ Wahrheit.

Wenn »die Selbst-Entfremdung der Ethnograph*innen [...] so rückwirkend vor allem zur Ressource der affektiven, poetischen und epistemischen Selbsterneuerung [wird]« (S. 318), ändert sich dabei auch die epistemologische Frage der Schreibweise. Wie kann die Erzählung der Begegnung mit dem Anderen *de facto* funktionieren, wenn sie keine Entäußerung vorschreibt, sondern nur eine mimetische, und doch kontrollierte – man könnte auch sagen: *technische* – Restitution des Selbstverlusts *in* der Begegnung suggeriert? Das kann nicht nur auf etwas wie Hubert Fichtes ›tranceartiges Schreiben‹ hinauslaufen, dem sich Rosa Eidelpes widmet. Auch Volker Gottowik betont in seinem Beitrag, dass die Anderen zu erzählen ein Selbstgefühl als Fremde(r) impliziert: »dieses semantische Feld handelt von Flucht, Exil, Heimatlosigkeit, Immigration und Marginalität, und aus diesem Feld ragt leitmotivisch die rhetorische Figur des Ethnologen als Fremder heraus« (S. 323). Eine solche *mise-en-question* des Subjekts ist nicht identisch mit seiner Erlöschung. Es ist vielmehr, wie Thomas Reinhardt in seinem kurzen, doch akuten Beitrag über ›Fremdheit und Selbstverlust als epistemisches Prinzip‹ schreibt, eine Art von doppeltem Blick: »Ethnolog*innen schauen nicht nur auf ihren Forschungsgegenstand, sie werden von diesem angeschaut« (S. 350). Ethnologische Erkenntnis – so Gottowik, indem er Tobias Schneebaums ›skandalöse‹ Reportage seiner anthropophagischen und homosexuellen Erfahrungen bei den ostandinen Akarama mit Clifford Geertz' Rat folgt, ›kein Eingeborener zu werden‹ – ist sicherlich auf »mimetischen Verfahren begründet«: So etwas bedeutet, wie im Beispiel Schneebaums, einen »methodisch herbeigeführte[n] Selbstverlust« (S. 332).

Der Band endet mit drei Essays über zwei italienische Autoren aus der Nachkriegszeit, Carlo Levi und Ernesto de Martino. Rosemary Snelling-Go|:gh diskutiert »die Blickumkehr«, die »Levi selbst zum Beobachteten« macht. Die *passio* wird somit zum hermeneutischen Schlüssel in Levis ›Christus kam nur bis Eboli‹, wo nämlich »die überwältigende Wirkung der Passivität [...,] sich als *passio* im Text zu konkretisieren«, scheint (S. 373). Es handelt sich um einen grundlegenden Versuch, den bloßen Selbstverlust zu überwinden: Snelling-Go|:gh spricht vom »aktiv poietischen Kampf« Levis: »[D]ie ästhetische Affizierung durch den Text im Sinne einer Passivitätserfahrung in Sprache und deren aktive Reflexion sollen beim Leser zu einer Form von integrierender Erkenntnis und zu einer grundsätzlichen Selbsterweiterung führen« (S. 376). Es gibt doch künstliche, oder besser künstlerische, Gelegenheiten, Verwandtschaften zu schaffen zwischen Autoren, Gegenständen und Lesern. Selbstverlust kann identisch mit Selbsterweiterung sein, entindividualisierende Riten und Techniken können *poiesis* und *praxis* verschmelzen – kurz gesagt: zur Erkenntniserweiterung einladen.

Der Zusammenhang von Selbstverlust und Selbstgewinn ist das grundlegende Paradox, das dieser Sammelband entziffern will. In Ulrich van Loyens Beitrag über den »Schamanismus von Elias Canetti und Ernesto de Martino« ist die schamanische Reise eine ›Methode‹ für eine eigenartige Macht, nämlich die der Angleichung an die Toten: »die Toten für die eigenen Zwecke zu beschwören, sie zu einem Heer von Toten abzurichten, die auf eigenem Befehl die Erde und die Menschen heimsuchen werden« (S. 387). Während die Massen von Canetti nie dämonisiert, sondern studiert, in ihren Grundelementen analysiert werden, lässt sich bei de Martino, wo das Wort ›Masse‹ kaum vorkommt, van Loyen zufolge die Masse als Problem fokussieren: das Problem einer ›niederen‹ Dunkelheit gegenüber dem sozusagen ›aufklärerischen‹ Blick des Kulturhelden, des Schamanen (im Hintergrund, des Anthropologen selbst?), der das Drama des Präsenzverlusts kontrolliert (S. 397).

Auch in Antonio Rosellis Annäherungen an Ernesto de Martinos ethnologische Versuche rückt dasselbe Paradox in den Vordergrund: den Kontrollverlust zu kontrollieren, die *katabasis* in die Hölle rituell zu bewältigen, das Negative der *absentia* zu nennen, um die ›presenza‹ (die *Präsenz*, die ontologisch und existentiell gerichtete Grundkategorie de Martinos) neu zu gewinnen. Seit Platons *katabasis* ins Piräus am Anfang der *Politeia* (eine referentielle Präfiguration des Höhlengleichnisses im Siebenten Buch) ist jeder philosophische Versuch stets fähig, von seinem Vorhaben des Sich-selbst-Verlierens zu erzählen. Dennoch bleibt in de Martino die Absicht bestehen, diese Erfahrung »auf eine tieferliegende Rationalität zurückzuführen« (S. 420), um so die Krisenmomente zu behandeln und die Ergriffenheit zu überwinden. Das eigentlich Menschliche bedeutet im Grunde genommen – so de Martino – eine kulturelle Disziplinierung der Passivität.

Dieses Buch, wenn man ihm eine definitive Formel entnehmen möchte, lädt zu einer Reformulierung der Kategorie des Habens ein. Haben als ›Gehabt-Werden‹, Besitz als Besessenheit ist, Canetti zufolge, etwas mehr als Angst oder Ekstase. Es ist etwas wie Geduld, geduldige Analyse, erzählende Montage von Fragmenten eines zwar passiven, aber stets aufmerksamen Selbst, das in der labilen Kluft zwischen *ratio* und *passio* lichte und dunklere Seiten immer noch unterscheiden kann. Eine wissenschaftliche und literarische Disziplinierung des Dazwischen ist genau das, was eine Inszenierung der Selbstvergessenheit bedeuten soll. Dieses Buch liefert dafür eine Anleitung.

# KULTURWISSENSCHAFTLICHE ZEITSCHRIFT

Herausgegeben von der Kulturwissenschaftlichen Gesellschaft (KWG)

Die *Kulturwissenschaftliche Zeitschrift* versteht sich als ein offenes Forum der kulturwissenschaftlichen Debatte, in dem historische wie gegenwartskulturelle Themen, Theorien und Forschungsansätze aus allen Bereichen und Strömungen der Kulturwissenschaften vorgestellt und verhandelt werden. Neben Tagungsberichten und Rezensionen versammelt die KWZ halbjährlich mehrere durch ein doppeltblindes Peer-Review-Verfahren qualitätsgesicherte Aufsätze in deutscher oder englischer Sprache sowie einen Gastbeitrag zu aktuellen fachbezogenen Trends oder Forschungsgegenständen. Neben den regulären Ausgaben erscheinen pro Jahr 1–2 Schwerpunkthefte, die von Gastherausgeberschaften begleitet werden.

Zur interdisziplinär besetzten Redaktion gehören die Linguistin *Nina Kalwa* (Karlsruher Institut für Technologie), der Literatur- und Medienwissenschaftler *Lars Koch* (TU Dresden), die Amerikanistin und Kulturwissenschaftlerin *Nicole Maruo-Schröder* (Universität Koblenz), der Literaturwissenschaftler *Bernhard Stricker* (TU Dresden), die Amerikanistin *Maria Mothes* (Universität Koblenz) und der Germanist *Hendrik Groß* (TU Dresden).



Vorschläge für Beitragsmanuskripte werden erbeten an:
*manuskripte@kulturwissenschaftlichezeitschrift.de*

Vorschläge für Rezensionsmanuskripte werden erbeten an:
*rezensionen@kulturwissenschaftlichezeitschrift.de*

Bei Fragen wenden Sie sich gerne an die Redaktion unter:
*redaktion@kulturwissenschaftlichezeitschrift.de*

Felix Meiner Verlag GmbH, Richardstraße 47, D-22081 Hamburg
Tel. +49 (40) 29 87 56-0 · vertrieb@meiner.de · www.meiner.de/kwz